庫

カントの批判哲学

ジル・ドゥルーズ
國分功一郎 訳

筑摩書房

Gilles Deleuze
La philosophie critique de Kant

カントの批判哲学【目次】

凡例

・「　」　原文における引用符《　》

・『　』　書名（原文ではイタリック体）

・〈　〉　大文字で始まる単語（但し、Critique de la raison pure〔純粋理性批判〕等が、イタリックではなく、つまり、書名としてではなく現れる場合は、これを省いた。）

・〔　〕　訳者による補足

・傍点　原文におけるイタリック体（但し、*a priori* など、フランス語でない単語に対して慣例的に用いられているイタリックについては、傍点を施していない。）

・註番号は、原註は（1）（2）（3）…とし、訳註は〔1〕〔2〕〔3〕…とした。

カントの批判哲学

フェルディナン・アルキエに捧ぐ――深い感謝の証しとして

序論　超越論的方法

カントの理性観

カントは哲学を定義して、「あらゆる知識が人間理性の本質的諸目的に対してもつ関係についての学問」、「人間理性の至高の諸目的に対して理性的存在が感じる愛」と述べている[1]。〈理性〉の至高の諸目的は、〈文化〉の体系という形をとる。以上の定義には、既に二重の闘いが認められる。すなわち、経験論に対する闘いと、独断的合理論に対する闘いである。

厳密に言えば、経験論にとって理性は、諸目的に関わる能力ではない。〈経験論によれば〉諸目的は、本源的な感受性に、つまり、諸目的を措定することのできる「自然」に関係付けられる。理性の独自性は、むしろ、諸目的を実現するある種のやり方の側にあり、諸目的は人間と動物に共通している。理性とは、間接的で遠回しな諸々の手段を組み合わせる能力であり、文化とは、ごまかしのための策略、打算、回り道である。確かに、独創的な手段なら、諸目的に反作用を及ぼし、それらを変形させるだろう。だが、最後まで、諸目的は自然の諸目的であり続ける。

経験論に反対して、カントは、文化の諸目的があると、理性に固有の諸目的があると主張する。それどころか、理性の有する文化的な諸目的だけが、絶対的に究極的な目的である。「究極目的とは、絶対的目的であるがゆえに、それを実現し、また、その理念にしたがってそれを産出するのに、自然だけでは十分でありえないような目的のことである[2][1]」。

この点に関するカントの論証は三種類ある。価値による論証——理性が自然の諸目的を実現することにしか役立たないのなら、理性がいったいいかなる点で、単なる動物性を超えた価値をもっているのかが分からなくなってしまう（たしかに理性は、ひとたび現実に存在しはじめるや、自然にとっての有用性と有効性を有するのでなければならない。だが、理性はそもそも、より高次の有用性に比しうるものとしてのみ存在するのであって、理性はそこから自らの価値を引き出してくるのである）。帰謬法による論証——仮に〈自然〉がこれこれを欲したとすれば…（という仕方で行われる論証）（仮に自然が、理性を与えられた存在の中で、自らの諸目的が実現されることを欲したとすれば、その存在の中の理性的なものを頼りにしたという点で、自然は誤りを犯したことになるだろう。というのも、自然は、手段についても目的についても、それを本能に任せた方がよかったであろうから）。対立による論証——仮に理性が諸手段の中の一能力にすぎないとしたら、動物の一種としての目的と、道徳的種としての目的という二つの種類の目的が、どうして人間の中で対立するのかが分からなくなってしまう（たとえば、私が、〈自然〉の観点から見て、子どもであるのを止めるのは、私が子どもをもつことができるようになったときである。だが、私は、文化の観点から見れば、まだ子どもであって、一人前の技能ももっていないし、何もかもを習得せねばならない）。

合理論の方はと言うと、確かに、理性的存在が厳密に理性的な諸目的を追求することを認めてはいる。だが、そこではまだ、理性によって目的として把握されるのが、外的なもの、超越的なものに留まっている。意志のための規則としての、〈存在〉とか〈善〉とか〈価値〉などといったもののことだ。したがって、合理論と経験論の間には、ふつう考えられているほどの差異はないことになる。目的とは意志を規定する表象である。表象が、意志にとって外的な何かについての表象である限り、それが感覚的なものだろうと、純粋に理性的なものだろうと、大した問題ではない。いずれにせよ、その表象が意志を規定するのは、自らが表象している「対象」に結びつけられた満足によってのみのことである。表象が感覚的であろうと、あるいは理性的であろうと、「それら〔表象〕

が意志の決定根拠となるのは快の感情であり、この快の感情〔…〕は、それが経験的にしか認識されないという限りで同一種類であるばかりでなく、それが同じ一つの生命力を触発する点でも、同一種類のものなのである(3)」。

合理論に対するカントの反論は、至高の諸目的が単に理性の諸目的であるのみならず、理性は、それら諸目的を措定することによって他ならぬ自分自身を措定しているというものである。理性の諸目的において、理性はまさしく自己自身を目的と見なしている。ゆえに、理性には諸々の関心があり、しかも、理性が自らの関心にとっての唯一の審判なのである。理性の諸目的ないし諸関心は、経験の管轄下にあるわけでもないし、理性にとって外的な、あるいは理性を超越する他の審級の管轄下にあるわけでもない。カントは、経験的な決定と神学的な法廷をあらかじめ斥けている。「あらゆる概念、それどころか、純粋理性がわれわれに提起するすべての問いは経験のうちにあるのではなく、理性のうちにある。〔…〕それらの理念を自らの胎内に生み出したのは理性に他ならず、ゆえに理性は、それら理念の価値ないし空虚さ〔2〕について弁明する責任がある(4)」。内在的な〈批判〉、理性の審判としての理性、それこそが、超越論的と呼ばれる方法の本質的な原理である。この方法は次の二点を規定することを目的としている。(1)理性の諸関心ないし諸目的の真の本性。(2)それら諸関心を実現する諸手段。

能力という語の第一の意味

いかなる表象も、何か別のもの、すなわち客体や主体といったものとの関係にある。われわれは、この関係の種類の数だけ、精神の諸能力を区別する。第一に、一つの表象は、一致ないし適合という観点から対象に関係付けうる。最も単純な例であるこの場合が、認識の能力を定義する。だが、第二に、表象はその対象との因果関係に入ることができる。これは欲求の能力、すなわち、「自ら立てた表象によって、それらの表象の対象を実現する原因となることができる能力」の場合である(不可能な欲望もあると反論する向きもあるだろう。だが、この例でも、因果関係は表象そのものの中に含まれているのであって、たとえこの関係が、自らと食い違う別の因果関係にぶつかったとしても、事態には何の変更もない。われわれの無力についての意識ですら、「われわれの努力を妨げることはできない」ことを、迷信の存在が十分に示している[5])。最後に、表象は主体と関係しているが、これは、表象が主体に効果を及ぼす限りにおいてのこと、主体を触発してその生命力を強化したり阻害したりする限りにおいてのことである。この三つ目の関係が、能力としての、快・不快の感情を定義する。

おそらく、欲望がなければ快はなく、快がなければ欲望はなく、知識がなければ快および欲望もなく…と言うことができる。だが、問題はそこではない。[4]重要なのは、事実上それらがどのように混ざり合っているか、ではない。権利上かくのごとく定義されたこれらの能力のおのおのが、高次の形態をもちうるのかどうか、である。一能力は、自らに固有の能力行使の法則を、それ自身の内に見いだしたとき、高次の形態をもつと言われる（たとえ、この法則から、他の諸能力の一つとの必然的な関係が生じようとも構わない）。ゆえに、その高次の形態において、一能力は自律的である。純粋理性批判は次のように問うことから始まる。高次の認識能力は存在するのか？　実践理性批判は次のように。高次の欲求能力は存在するのか？　そして判断力批判は次のように。快と不快の高次の形態は存在するか？　（なお、カントは長い間、この最後の可能性を信じていなかった）。

高次の認識能力

一つの認識を形づくるには、一個の表象だけでは十分ではない。何かを認識するためには、われわれが表象を有しているのみならず、われわれがそこから出て「それとは別の表象を、それに結びつけられたものとして再認」しなければならない。認識とは、ゆえに、諸表象の総合である。「われわれは、Aという概念の外に、この概念にとって外的であるけれども、そこに結びつけねばならないとわれわれが考えるBという述語を見出す」[5]。われわれは、ある表象の対象について、その表象には含まれていない何かを肯定するのである。ところで、このような総合は、二つの形態において提示される。それは経験に依存するとき、ア・ポステリオリである。私が「この直線は白い」と言えば、そこにあるのは、互いに異なる二つの規定の遭遇である。あらゆる直線が白いわけではないし、白い直線も必然的に白であるわけではない。

反対に、私が「直線は最短の道である」とか、「変化するものはすべて原因をもつ」と言えば、私はア・プリオリな総合を行っていることになる。私は、Aについて、それに必然的かつ普遍的に結びついているものとしてBを肯定しているからである（ゆえに、Bはそれ自体、ア・プリオリな表象である。Aの方は、ア・プリオリでもそうでないこともありうる）。ア・プリオリであることがもつ特徴というのは、普遍的で必然的だということである。但し、ア・プリオリであることの定義とは、経験より独立しているというものだ。ア・プリオリが経験に適用されることはありうるし、ある種の場合においては、経験にしか適用されないこともある。だが、ア・プリオリが経験に由来することはない。「すべて」とか「常に」とか「必然的に」とかいった言葉に対応する経験は定義上存在しない。最短のは、比較級でも、帰納の結果でもなく、私が一つの線を直線として産出する際のア・プリオリな規則である。原因もまた、帰納の産物ではなく、生起する何事かを私が経験において再認する際のア・プリオリな概念である。

総合が経験的である限り、認識能力はその低次の形態において現れている。つまり、自らの法則を経験の中に見いだしているのであって、自分自身のうちにではない。だが、ア・プリオリな総合は、高次の認識能力を定義するものである。実際、高次の認識能力は、もはや、それに法則を与えるような対象に準拠することはない。反対に、ア・プリオリな総合が、表象には含まれていなかった特性を対象に付与するのである。ゆえに、対象それ自身が表象の総合に従属せねばならず、対象それ自身がわれわれの認識能力に準拠しなければならないのであって、その反対ではない。認識能力は、自らに固有の法則を自らのうちに見いだすとき、そのようにして、認識の諸対象に法則性を付与しているのである。

認識能力の高次の形態の規定が、同時に、〈理性〉のもつ一関心の規定でもあるのはそのためである。「理性的認識とア・プリオリな認識は同じものである」。あるいは、ア・プリオリな総合的判断とは、それ自身が、「理性の理論的な学問」と呼ぶべきものの原理である[6]。理性の関心は、理性が関心をもつものによって、一能力の高次の状態との関連において定義される。〈理性〉はおのずから思弁的関心を抱く。そしてそれがかかる関心を抱くのは、高次の形態にある認識能力に必然的に従属する諸対象に対してである。

いま、そうした諸対象とは何か、と問うとしよう。これに対して「物自体」と答えたなら矛盾に陥るであろうことはすぐに分かる。どうして、それ自体としてある物が、われわれの認識能力に従属したり、それに準拠したりできるだろうか？　われわれの認識能力に従属し、それに準拠しうるのは、ただ、現れている諸対象だけ、すなわち「現象」だけである（そういう次第で、『純粋理性批判』において、ア・プリオリな総合は、経験から独立しているが、経験の諸対象にしか適用されないのだ）。ゆえに、理性の思弁的関心は、当然ながら現象に向かい、現象のみに向かうということが分かる。この結論に到達するまでにカントがいくつもの長い証明を必要としたとは考えられない。それこそが〈批判〉の出発点であり、純粋理性批判の真の問題はその向こう側で始まるからである。仮に思弁的関心しかなかったとしたら、理性が物自体についての考察に身を投じたとはとても思われない。[6]

高次の欲求能力

欲求能力は、意志を規定する表象を前提している。だが、今度は、意志と表象の総合がそれ自体でア・プリオリなものとなるために、ア・プリオリな諸表象の存在を引き合いにだすだけで十分だろうか？　実のところ、問題は全く別の仕方で提起されている。表象は、ア・プリオリであるときでさえ、それが表象している対象に結びついた快を媒介として、意志を規定している。ゆえに、総合は経験的ないしア・ポステリオリなものに留まり、意志は「感受的」[7]に規定されるものに、欲求能力は低次の状態に留まるのだ。欲求能力がその高次の形態に接近するためには、表象が、たとえア・プリオリな対象であろうとも、対象の表象であることをやめなければならない。表象が純粋形式の表象とならなければならない。「抽象によって法則からあらゆる中身、すなわち、決定根拠としての意志の対象の一切を除き去ると、普遍的立法の単なる形式以外何も残らない」[7]。したがって、意志が快によってではなく、法則の単純な形式によって規定されるようになるとき、欲求能力は高次のものとなり、それに対応する実践的総合はア・プリオリになる。そのとき、欲求能力はもはや自らの法則を、自らの外、すなわち素材や対象の中には見いださない。自らの法則を自己自身の内に見いだすのであり、こうして欲求能力は自律的と呼ばれるようになる[8]。

道徳法則においては、他ならぬ理性がそれ自身で（快や不快の感情を媒介とせずに）意志を規定する。したがって、高次の欲求能力に対応する理性の関心が存在する。それが実践的関心であり、これは経験的関心からも、思弁的関心からも区別されるものである。カントは、実践理性が基本的に「関心に基づいている」という点に注意を喚起して止まなかった。すると、実践理性批判は純粋理性批判と平行して展開していくだろうということが予想されるのである。まず重要なのは、この関心の本性がいかなるものであるのかということ、そして、それは何に向かっているのかということである。言い換えれば、欲求能力は自分自身の中に自分自身の法則を見いだすのだとすれば、この立法行為はいったい何に向かっているのだろうか？　実践的総合に従属する存在ないし対象とはいったい何なのか？　問題が平行しているとはいっても、ここでは答えが先の場合〔認識能力の場合〕よりも複雑になることもありえないわけではない。ゆえに、この答えの検討を先送りすることをお許しいただきたい（更に、快と不快の高次の形態とは何かという問いを検証する作業にも、とりあえずここでは手をつけないでおくことをお許しいただきたい。この問いの意味は、それ自身、他の二つの〈批判〉を前提とするからである）。

〈批判〉一般の本質的テーゼ、すなわち、それぞれが本性において異なる理性の諸々の関心が存在するというテーゼの原理を念頭においておけば、われわれには十分である。それらの関心は有機的で階層化された一つの体系を形成している。この体系が、理性的存在の諸目的という体系である。合理主義者は思弁的関心のみを取り上げることがある。しかし、その場合、彼らにとって実践的関心は、思弁的関心に由来するものに過ぎない。しかし、このようにして思弁的関心の価値を高騰させると、二つの厄介な結果を招くことになる。すなわち、思弁というものの真の諸目的を見誤ることになる。それだけでなく、むしろ重要なのは、理性を、理性の諸関心の中のたった一つに縛り付けることになってしまうということである。思弁的関心を発展させるという口実のもと、理性を、理性のより深い諸関心の中で台無しにしているのだ。諸関心の体系的な複数性（および階層性）という理念は、「能力」という語の最初の意味に合致するものだが、この理念こそがカントの方法を支配している。この理念は、真の原理、諸目的の体系にとっての原理である。

能力という語の第二の意味

能力はその第一の意味において、表象一般の多様な関係に関連付けられていた。だが、第二の意味においては、能力は諸表象の特殊な源泉を指すこととなる。ゆえに、表象の種類の数だけ、能力が区別されることになる。認識の観点からすると、最も単純な分類表は次のようなものになる。(1)直観（経験の対象に直接関係し、感性の内にその起源をもつ特異的な表象）。(2)概念（経験の対象に間接的に、すなわち他の諸表象の媒介によって関係し、悟性の内にその起源をもつ表象）。(3)理念（それ自身が経験の可能性を超えており、理性の内にその起源をもつ概念[9]）。

しかしながら、われわれがここまで使ってきたような意味での表象という概念は、漠然としたものに留まっている。われわれはよりはっきりとしたやり方で、表象〔*représentation*〕と自己呈示するもの〔*ce qui se présente*〕とを区別しなければならない。われわれに対して自己呈示するもの、それはまず現れるがままの対象である。だが、「対象」という語は尚も余分なものを含んでいる。われわれに対して自己呈示するもの、あるいは、直観において現れるものとは、まずは経験的（ア・ポステリオリ）な感性的多様性としての現象である。カントにおいては、現象が見かけ[10]〔apparence（仮象）〕ではなく、現れ〔apparition（現出）〕であることが分かるだろう。現象は空間と時間の中に現れる。空間と時間はわれわれにとってあらゆる可能なる現れの形式であり、われわれの直観ないし感性の純粋な形式である。そのようなものであるからには、空間と時間は、呈示〔présentations〕なのである。今度はア・プリオリな呈示である。自己呈示するものとは、ゆえに、空間と時間の中にある経験的な現象的多様性であるだけでなく、空間と時間自体のア・プリオリで純粋な多様性であるのだ。純粋な直観（空間と時間）は、まさしく、感性がア・プリオリに呈示する唯一のものである。

厳密には、ア・プリオリな直観でさえ表象であるとは言えないし、感性が表象の源泉であるとも言えない。表象において重要なのは、その接頭辞〔re-〕である。表象すなわち再＝現前〔*re*-présentation〕は、自己呈示するものを積極的に取り戻そうとする動きを含意している。ゆえに、そこには、感性そのものに固有の受動性および多様性から区別された能動性と統一性とが含意されているのである。この観点から見ると、われわれはもはや知識を、諸表象の総合として定義する必要はなくなる。他ならぬ表象すなわち再＝現前そのものが、知識として、すなわち、自己呈示するものの総合として定義されることになる。

われわれは一方にある受容の能力としての直観的感性と、他方にある真の表象の源泉としての能動的な諸能力とを区別しなければならない。総合は、その能動性において捉えられるとき、構想力へと関連づけられる。その統一性において捉えられるときは悟性へと、その全体性において捉えられるときは理性へと関連づけられる。ゆえに、総合へと介入してくる三つの能動的な能力、すなわち、構想力、悟性、理性があるわけだが、しかし、それらの能力はまた、その内の一つを他の一能力に対比させて考察してみるなら、特殊な表象の源泉でもある。われわれの体制は、受容的能力を一つ、そして能動的能力を三つもっているということになる(われわれは、別の存在、これとは別の仕方で構成された存在をも想定することができる。たとえば、直観的な悟性、多様なものを産出することのできる悟性をもった神的存在。だが、この場合、その能力はすべて一つの優越的統一性の中に統合されてしまうだろう。極限としてのこのような〈存在〉の理念は、われわれの理性にインスピレーションを与えることはできても、われわれの理性を表現することはないし、われわれの他の能力との関係においてその〈存在〉が置かれている状況を表現することもないのである)。

能力という語の二つの意味の関係

第一の意味における能力について考えてみよう。その高次の形態において、能力は自律的であり立法的である。能力は自らに従属する諸対象についての法則を定める。そしてこの能力には理性の一つの関心が対応している。〈批判〉一般の最初の問いとは、ゆえに、次のようなものだった。これら高次の形態とは何であり、これらの関心とはいかなるものであり、それらはいったい何に向かっているのか？　だがここに第二の問いが現れる。理性の関心はどうやって自らを実現するのか？　すなわち、何が諸対象の従属を確かなものとし、いかにしてそれら諸対象は従属するに至るのか？　ここで考察されている能力において真に立法行為を行っているのは何か？　構想力なのか、悟性なのか、理性なのか？　一能力に理性の一関心が対応するよう、その能力が第一の意味において定義されたら、今度は、第二の意味における能力、この関心を実現し、立法行為という課題を全うしうる能力について探求を続けねばならないことがここから分かる。言い換えれば、理性が自分自身で自分自身の関心を実現するという責務を負うことを保証してくれるものは何もないのである。

純粋理性批判を例にとろう。これは、高次の認識能力、したがって理性の思弁的関心を発見するところから始まる。この関心は諸々の現象へと向かっている。実際、現象は物自体ではないのだから、認識能力に従属することができるし、知識が可能であるためにはそうでなければならない。だが、他方、われわれは表象の源泉としての能力、この従属を確かなものとし、この関心を実現する能力がいったい何であるのかと問う。認識能力それ自体の中で立法行為を行っている能力（第二の意味での）とは何か？　カントの有名な答えによれば、認識能力ないし理性の思弁的関心の中で立法行為を行っているのは悟性だけである。したがって、ここでは、理性の関心の面倒を見ているのは理性ではない。「純粋理性は悟性にすべてを委ねる〔…〕」[11]。

それぞれの〈批判〉に対する答えが同じではないだろうことをわれわれは予期しておかねばならない。たとえば、高次の欲求能力、すなわち、理性の実践的関心においては、立法行為を行うのは理性そのものであり、自らの関心を実現するという役目を他の誰にも委ねはしない。

〈批判〉一般についての第二の問いは、これとはまた別の相をもっている。立法行為を行う能力は、諸表象の源泉として、他の能力のあらゆる行使を止めさせるわけではない。悟性が認識の関心において立法行為を行っている時でも、構想力と理性は完全に独自の役割を、しかも、悟性によって規定された諸々の任務に合致する役割を担っている。理性それ自身が実践的関心の中で立法行為を行っている時には、今度は悟性の方が独自の役割を、理性によって規定されたパースペクティヴの中で演じねばならない…等々。それぞれの〈批判〉ごとに、悟性、理性、構想力は、様々な関係に入り、その際、これらの能力の内のどれか一つが統轄的な位置に立つ。したがって、われわれが理性のどの関心を考察するかにしたがって、諸能力の関係の中には、一貫性をもった変化が起こることになる。一言で言えば次のようになる。語の第一の意味での能力（認識能力、欲求能力、快・不快の感情）には、語の第二の意味での諸能力（構想力、悟性、理性）の関係の一つが対応しなければならない。かくして、諸能力についての理論は、超越論的方法を構成する、一つの真のネットワークを形成するのである。

第一章　純粋理性批判における諸能力の関係

「ア・プリオリ」と超越論的

ア・プリオリの基準は、必然的で普遍的であることである。ア・プリオリは、経験から独立したものと定義されるが、とはいえそれは、経験がわれわれに決して、普遍的で必然的なものを「与え」ないからに他ならない。「すべて」「常に」「必然的」といった語はもちろんのこと、「明日」という語ですら、経験の中の何かに拠ることはない。それらが経験に由来することはない。それらが経験に適用されるとしても、そのことに変わりはない。だが、われわれは何かを認識するにあたって、これらの語を用いる。つまり、われわれは、自分たちに与えられるより以上のことを語り、経験という所与を超え出てしまっている。——ヒュームのカントへの影響はしばしば語られるところである。実際、このような超過によって認識を定義したのは、ヒュームがはじめてである。私が何かを認識したと言えるのは、私が「私は太陽が昇るのを千回も見た」のを確認する時ではなく、「明日も太陽は昇るだろう」、「水は百度に達した時はいつでも、必然的に沸騰する」と判断する時である。

カントはまず、認識の事実とは何であるか（*quid facti* 事実問題）[1]を問う。認識の事実、それはわれわれがア・プリオリな表象をもっているということである（その表象のおかげでわれわれは判断を下すことができる）。それは単なる「呈示〔présentation〕」、すなわち、それ自体もア・プリオリな直観であるところの空間と時間という直観のア・プリオリな形式でもあるだろう。これは、経験的な現前ないしア・ポステリオリな内容（たとえば赤い色）からは区別される形式である。あるいは、厳密な意味での「表象〔représentation〕」、すなわち、実体や原因といったア・プリオリな概念、経験的な概念（たとえば、ライオンの概念）からは区別される概念でもあるだろう。事実はどうなっているのか〔*Quid facti?*〕という問いは、形而上学の対象である。空間と時間がア・プリオリな呈示ないし直観であるということ、それは、カントが空間と時間の「形而上学的究明」[2]と呼ぶものの対象である。〔対し〕悟性がア・プリオリな諸概念（カテゴリー）を自由に用いることができ、これら諸概念が判断の諸形式から演繹されるということ、こちらは、カントが諸概念の「形而上学的演繹」[3]と呼ぶものの対象である。

われわれが経験に与えられるものを超え出てしまうのは、われわれのものである原理、必然的に主観的である原理によってである。与えられたものは、われわれが与えられたものを超え出る作用というものを基礎付けることができない。しかしながら、われわれは原理を有しているだけでは不十分である。それを行使する機会をもたねばならない。「明日も太陽は昇るだろう」と私は言うけれども、太陽が実際に昇らなければ、明日は現在とはならない。経験自身がわれわれの引き起こす超過を裏付け、いわばそれに答えてくれなければ、われわれは諸原理を行使する機会をたちまち失ってしまう。ゆえに、経験という与えられたもの自体が、われわれの歩みを規則づけている主観的原理と同じ種類の原理に従属しなければならない。太陽が日によって昇ったり昇らなかったりすることがあったとすれば、また、「辰砂が赤かったり、黒かったり、軽かったり、重かったりするならば、また、ある人間がこの動物に形を変えたり、あの動物に形を変えたりするならば、また、夏至において土地が作物に覆われていたかと思うと氷や雪で閉ざされたりするなどといったことが仮にあったとしたら、私の経験的構想力は、重い辰砂を、赤色の表象とともに思惟の内に受けいれる機会に恵まれることはなかっただろう」。「われわれの経験的構想力は決してその能力に相応しい何かを為しうるようにならなかっただろう。その結果、それは、われわれ自身に知られざる死せる能力として精神の奥底に隠されたままであっただろう(1)」。

カントがいかなる点でヒュームと袂を分かつのかが分かる。なるほど、ヒュームは、認識には主観的な諸原理が含まれており、それらによってわれわれは与えられたものを超え出るということは見抜いていた。だが、ヒュームにとってこれらの諸原理は、人間本性〔*nature humaine* 人間の自然〕の原理に過ぎないもの、われわれに固有の諸表象に関わる心理学的な連合の原理に過ぎないものだった。カントは問題を転換する。一個の自然を形づくるような仕方でわれわれに対して自己呈示するものは、われわれの表象の流れを規則づけているのと同一種類の諸原理に（更には、同一の諸原理に）必然的に従属しなければならない。われわれの主観的な歩みを説明するのも、与えられたものがわれわれの歩みに従属しているという事実を説明するのも、同一の諸原理によってでなければならない〔4〕。これらの諸原理に関わる主観性は、経験的ないし心理学的な主観性ではなく、「超越論的」主観性なのだ、と言っても同じ事である。

事実問題に、よりいっそう高度な問題、すなわち、権利上はどうなっているのか〔*quid juris?*〕という権利問題が続くのはそのためである。われわれが事実としてア・プリオリな表象を有することを確認するだけでは十分ではない。これらの表象が、経験に由来するわけでもないのに、なぜ、そしてどのようにして、経験に必然的に適用されるのか、それを説明しなければならない。なぜ、そしてどのようにして、経験の中で自己呈示する与えられたものは、われわれの表象をア・プリオリに規則づける諸原理と同一の原理に（したがって、それ自身ア・プリオリであるわれわれの諸表象に）必然的に従属するのか？　これが権利問題である。——ア・プリオリとは、経験に由来しない諸表象を指す。超越論的とは、経験が必然的にわれわれのア・プリオリな表象に従う際の原理を指す。空間と時間についての形而上学的究明に、超越論的究明が続くのはそのためである。そして、カテゴリーの形而上学的演繹には、超越論的演繹が続く。「超越論的」とは、経験という与えられたものが必然的にわれわれのア・プリオリな表象に従属するとともに、それと相関して、ア・プリオリな諸表象が必然的に経験に適用される際の原理の性質を示す言葉である。

コペルニクス的転回

独断的合理論において、認識についての理論は、主体と客体の対応という考え、観念の秩序と事物の秩序の一致という考えに基づいていた。この一致には二つの相がある。

一致はそれ自身の内に一つの合目的性を含んでいる。そして一致はこの調和、この合目的性の源泉および保証としての神学的原理を要請している。〔5〕だが奇妙なのは、全く別のパースペクティヴにおいてとはいえ、ヒュームの経験論もまた同じような結論に達していることである。〈自然〉の諸原理が人間本性と一致していることを説明するために、ヒュームは予定調和を明示的に援用することを余儀なくされていたのである。

カントのいわゆる「コペルニクス的転回」の根本的な理念は次の点にある。すなわち、主体と客体の調和という理念（合目的的な一致）に代えて、客体の主体への必然的従属の原理を置くことである。認識能力が立法行為を行うものであること、より正確に言えば、認識能力の中には立法行為を行う何かがあるということ、それを見いだしたことこそが本質的な発見であったのだ（これと同様に、欲求能力の中にも立法行為を行う何かがある）。かくして理性的存在は、自らが新しい力能の持ち主であることを発見する。コペルニクス的転換がわれわれに教える最初のこととは、命令を下しているのはわれわれ自身に他ならないということである。ここにこそ、〈英知〉〔Sagesse〕についての古い考え方の転覆がある。すなわち、かつて賢明さとは、ある場合にはそれ自身の服従によって、ある場合には〈自然〉との「一致」によって定義されていた。カントは英知に対し、批判的なイメージを対置する。すなわち、われわれ、自然の立法者というイメージである。一見したところカント哲学には非常に縁遠く思われる哲学者でも、*Parere*〔従う〕の代わりに*Jubere*〔命ずる〕を置くことを主張するならば、彼は自分で思っているより以上に多くのことをカントに負っているのである。

対象の従属という問題は、主観的観念論の観点からすれば、容易に解決できるように思われるかもしれない。[6] だが、このような解決ほどカント哲学から遠いものはない。経験的実在論こそ、批判哲学の基調をなすものだ。諸々の現象は仮象ではないが、われわれの活動の産物でもない。現象がわれわれを触発するのは、われわれが受動的で受容的な主体である限りにおいてである。現象はわれわれに従属するが、それは現象が物自体ではないからに他ならない。だが、現象がわれわれによって産出されたのでないのなら、現象はいかにしてわれわれに従属するのだろうか? 受動的な主体は、いかにして、他方で、能動的な能力を持ちうるのだろうか? 主体の受ける触発が必然的にこの能動的な能力に従属する、そのような能力をいかにして持ちうるのだろうか? カントにおいて、主体と客体の関係の問題は、このように、内側に向かっていくことになる。つまり、この問題は、本性において異なる諸々の主観的能力（受容的感性と能動的悟性）の関係の問題になるのである。

総合と立法的悟性

表象とは、自己呈示するもの〔ce qui se présente〕についての総合を意味している。ゆえに総合とは次の点、すなわち、多様が表象〔représenter〔再呈示〕〕される、言い換えれば、表象の内に閉じこめられたものとして措定されるという点に存する。〔7〕総合には二つの相がある。一つは把捉〔appréhension〕であり、それによってわれわれは、ある種の空間とある種の時間とを占めるものとして多様を措定し、また、空間と時間の中の諸部分を「産出」する。もう一つは再生産〔reproduction〕であり、それによってわれわれは、後続する諸部分に到達するにつれて、先行する諸部分を再生産していく。このように定義された総合は、空間と時間の中に現れる多様性のみならず、空間と時間の多様性そのものに向かうことになる。実際、総合がなければ、空間と時間が「表象」されることはない。

カントはこの総合を、把捉としても再生産としても、常に構想力の行為として定義している。(2) 問題は次の点だ。われわれも先にそのように述べたとはいえ、〔8〕認識を構成するには総合だけで十分であると述べるのは全面的に正確であるのだろうか？　実のところ、認識は総合それ自体をはみ出す二つの事柄を含んでいる。一方で認識は意識を含んでいる。あるいはより正確に言えば、諸表象が同一の意識に所属し、その意識の中で諸表象が結び合わされるという事態を含んでいる。ところが、構想力の総合は、それ自体において考察される限り、些かも自己意識ではない。(3) 他方で認識は対象との必然的な関係を含んでいる。認識を構成するものには、単に多様なものを総合する作用だけではなく、表象された多様なものを一対象に関係づける作用もある（すなわち再認〔recognition〕のことである。これはテーブルだ、これはリンゴだ、これはこれこれの対象だ…）。

　認識についてのこれら二つの規定は深い関係にある。私のもつ諸々の表象が私のものであるのは、「私は思惟する」がそれらに随伴しながら、それらの表象が意識の統一において互いに結び合わされている限りにおいてのことである。ところが、表象がそのようにして意識の中で統一されるといっても、表象が総合する多様なものが、そうして統一されることによって何らかの対象に関係づけられるのでなければ、そうした統一は起こらない。確かにわれわれは何らかの性質を付与された対象（多様によってこれこれの性質を付与された対象〉しか認識しない。だが、われわれが客観性を形式一般（「何らかの対象」「対象＝X」）として自由に行使できるのでなければ、多様なものが一個の対象に関係づけられることは決してない。ではこの形式はどこから来るのか？　何らかの対象とは(9)、〈私は思惟する〉ないし意識の統一性の相関項であり、つまり、コギトの表現、その形式的客観化である。したがって、コギトの真の（総合的な）定式も次のようなものになる。すなわち、私は自己を思惟し、そして、自己を思惟することによって、私は、表象された多様性を私が関係づけるところの何らかの対象を思惟する、と。

対象の形式(10)は、われわれを構想力ではなく、悟性へと差し向ける。「対象一般の概念というものは、直観の最も明晰な意識の中にすら見いだせないわけですが、それは特殊な能力としての悟性に属するものと私は考えています」(4)。実際、悟性のあらゆる使用は、〈私は思惟する〉より出発して発展する。更に言えば、〈私は思惟する〉の統一こそは、「悟性そのもの」である(5)。悟性はカテゴリーと呼ばれるア・プリオリな概念を自由に使用する。カテゴリーがどのように定義されるのかと尋ねるなら、それが意識の統一の諸表象であると同時に、まさにそのようなものとして、何らかの対象の述語であることが判明する。たとえば、あらゆる対象が赤であるわけではない。赤である対象も必然的にそうであるわけではない。しかし、実体でないことが必然であるような対象とか、他の物の原因や結果でないこと、他の物との相互関係にないことが必然であるような対象は存在しない[11]。ゆえにカテゴリーは構想力の総合に統一を与え、総合は、この統一がなければわれわれに、厳密な意味での認識を一切与えることができない。要するに、悟性に帰されるものとは、総合そのものではなく、総合の統一とこの統一の諸々の表現だと言うことができる。

カントのテーゼとは、カテゴリーによってわれわれが〈自然〉の真の立法者となるほどに、諸現象は必然的にカテゴリーに従属しているというものだ。だが第一の問題は、立法者であるのが、なぜ他ならぬ悟性であるのか（つまり、なぜ構想力でないのか）ということだ。なぜ、認識能力の中で立法行為を行うのは悟性であるのか？　この問いへの答えを見いだすためには、おそらく、この問いの用語を解説すればそれで十分である。なぜ諸現象は空間と時間に従属するのか、とはたとえ問おうとしても問えないのは明白である。諸現象は現れるもののことであり、現れることとは、直接に空間と時間の中にあることだ。「物がわれわれに現れうるのは、すなわち、経験的直観の対象となりうるのは、感性というこれら純粋な形式を介してのみのことであるのだから、空間と時間とは、現象としての対象の可能性の条件をア・プリオリに含む純粋な直観なのである」[6]。空間と時間が「究明〔exposition/Erörterung〕」の対象であって、演繹〔déduction/Deduktion〕の対象でないのはそのためである〔12〕。そして、空間と時間の超越論的究明に、形而上学的究明と比べて、何か特別の困難があるわけではない。ゆえに、諸現象が空間と時間に「従属する」と言うことはできない。それは、単に感性が受動的だからというだけでなく、むしろ感性が直接的であるから、そして、それに対し従属の観念は、媒介者の介入を含んでいるから、すなわち、立法者たりうる能動的能力へと諸現象を関係づける総合の介入を含んでいるからである。

したがって、構想力それ自体は立法的能力ではない。構想力とはまさしく媒介作用を体現するものであり、認識という関心において立法を行うただ一つの能力としての悟性へと、諸現象を関係づける総合を行う。カントが次のように書くのはそのためである。「純粋理性は悟性にすべてを委ね、悟性は、直接に直観の諸対象に、あるいはむしろ、構想力における諸対象の総合に関係付けられる」[7]。諸現象は構想力の総合には従属しない。それらは、この総合によって、立法者たる悟性に従属する。ゆえに、空間や時間とは異なり、悟性概念としてのカテゴリーは、超越論的演繹の対象であり、この演繹が、諸現象の従属という特殊な問題を提起するとともに解決するのである。

この問題の解決は概ね次のようである。(1)あらゆる現象は空間と時間の中にある。(2)構想力による総合は空間と時間そのものへとア・プリオリに向かう。(3)諸現象は、したがって、必然的に、この総合の超越論的統一と、この統一をア・プリオリに表象するカテゴリーとに従属する。悟性が立法的であるのはこの意味においてである。つまり、悟性は、ある現象がその内容の観点から見て従っているところの諸法則をわれわれに教えてくれるわけではない。悟性は、あらゆる現象がその形式の観点から見て従属している法則、しかも、現象がそれに従属することで、〈感性的自然〉一般の「形を成す」ことができる、そのような法則を構成しているのである。

構想力の役割

今や立法的悟性が、その概念ないし総合的統一によって何を為すのかが問われる。悟性は判断を下す。「悟性がこれらの概念によって為しうることと言えば、それらの概念を使って判断することだけである」[8]。すると、構想力がその総合によって何を為すのかが問われるだろう。カントの有名な答えによれば、構想力は図式化する。ゆえに、構想力において総合と図式を混同してはならない。図式は総合を予想する[13]。総合はある種の空間とある種の時間の規定であり、その規定によって多様がカテゴリーに従う形で対象一般に関係付けられる。しかし、図式は、あらゆる時と場所においてそれ自身でカテゴリーに対応するような空間‐時間的規定である。図式は形象〔image/Bild〕に存するのではなく、厳密な意味で概念的な諸関係を体現ないし実現する空間‐時間的諸関係に存する。構想力の図式とは、立法的悟性が自らの概念で判断を下す際の条件であり、この判断は、多様なものについてのあらゆる認識にとって、原理の役割を果たしている。図式は、いかにして現象は悟性に従属するのかという問いではなく、それとは別の問いに答える。すなわち、いかにして悟性は、悟性に従属している現象に適用されるのか、という問いだ。

空間‐時間的諸関係が概念的諸関係に（本性上、互いに異なっているにも関わらず）適合しうるということ、そこにこそ、深い神秘と秘められた巧みさがあるのだ、とカントは言う。しかしそのように述べたテキストを盾にとって、図式機能は構想力の最も深い作用であるとか、この上なく自発的な巧みさであると考えるわけにはいかない。図式機能は構想力に独自の作用には違いない。構想力のみが図式化を行う。だが、構想力が図式化を行うのは、悟性が取り仕切るとき、あるいは立法的権限をもつときだけである。構想力は思弁的関心の中でしか図式化を行わない。悟性が思弁的関心を引き受ける時、つまり悟性が規定的となる時、その時に、そしてその時にのみ、構想力は図式化するべく規定される。われわれは後で、こうした事態から出てくる諸々の帰結について検討することになる〔14〕。

理性の役割

悟性は判断し、理性は推論する。ところで、カントはアリストテレスの教えに従い、推論を三段論法として考える。すなわち、一悟性概念が与えられると、理性は中間項を探す。つまり、その外延全体において捉えられた時に、先の悟性概念が対象へと適用される際の条件付けを行っている別の概念を探すのである（たとえば、人間〔という概念〕は、「死すべきもの」〔という形容〕のカイウスへの適用を条件付ける）。この点から見ると、理性が自らの本領を発揮するのは、悟性の諸概念に対してであるように思われる。「理性は、諸条件〔＝諸制約〕の系列を形成する悟性の諸々の働きによって、認識に到達する」(9)。だが、厳密には、悟性のア・プリオリな概念（カテゴリー）の存在は、ある特殊な問題を提起する。カテゴリーは可能なる経験の対象全てに適用される。すると、あらゆる対象にア・プリオリな概念を適用する際の基礎となる中間項を見つけるために、理性はもはや別の概念（たとえア・プリオリな概念であろうとも）に訴えかけることはできず、経験の可能性を超え出る諸々の〈理念〉を形成せねばならない。理性がある種の仕方で、自らに固有の思弁的関心において、諸々の〈超越論的理念〉を形成するよう導かれるのはそのためである〔15〕。これらの理念は、関係のカテゴリーの一つが、可能なる経験の対象に適用される際の諸条件〔＝諸制約〕の総体を表している〔16〕。つまり、何らかの無制約的なものを表している(10)。たとえば、それは、実体のカテゴリーに関しては絶対的主体（〈魂〉）であり、因果性のカテゴリーに関しては完結した系列（〈世界〉）であり、共同性に関しては実在性の全体（最も実在的な存在〔*ens realissimum*〕としての〈神〉）である。

ここでもまた、理性が、理性のみに果たせる役割を演じていることが分かる。というか、理性は、この役割こそを演ずるように規定されているのである。「理性は本来ただ悟性と、悟性の合目的的適用のみを対象としてもつ[11]」。主観的側面から見ると、理性の諸〈理念〉が悟性の諸概念へと関係付けられるのは、それら諸概念に最大限の総合的な統一および拡張を与えるためである。理性なしでは、悟性は、対象に関する自らの手続きの総体を一つの全体へとまとめ上げることはできないだろう。理性は、認識という関心において立法的権限を悟性に委ねるその時でさえも、一つの役割を維持している。あるいはむしろ、一つの独自の機能を、悟性自身からその返礼として受け取る。それは〔第一に〕、経験の外にある理念的な諸焦点を構成することであり（最大限の統一）、悟性の諸概念は、それに向かって収斂することになる。そして〔第二に〕、悟性の諸概念を映し出し、包括する諸々の高次の地平を形成することである（最大限の拡張[12]）。「純粋理性は悟性にすべてを委ね、悟性は直観の諸対象に、あるいはむしろ、構想力における諸対象の総合に関係付けられる。純粋理性は、悟性概念の使用における絶対的総体性だけを自らのためにとっておき、カテゴリーにおいて思惟される総合的統一を絶対的に無制約的なものにまで連れだそうとする[13]」。

客観的側面から見ても、理性は一つの役割を担っている。というのも、悟性が諸現象に対して立法行為を行えるといっても、それはただ形式の観点からのことに過ぎないからである。さて、諸現象は、形式的には総合のもたらす統一に従属しているのだが、その内容の観点からみると根源的な多様性を提示していると仮定してみよう。ここでもまた、悟性はもはや、自らの権限を行使する機会（この場合は内容に関わる機会）を得ることができなくなる。「したがって、いかなる類概念ですらも、あるいは何らかの一般的概念すらも成立しえなくなる。それどころか、悟性すらも成立しえなくなるだろう」(14)。ゆえに、諸現象は形式の観点からカテゴリーに従属するのみならず、内容の観点から理性の諸〈理念〉に対応する、もしくはそれに象徴的に符合するのでなければならない(17)。調和、合目的性は、この水準において再び導入されることになる。だが、ここでは、調和は単に、諸現象の内容と理性の諸〈理念〉との間で要請されているに過ぎないことは明らかである。実際、理性が諸現象の内容に対して立法行為を行っているなどと言うのは問題外である。理性は、〈自然〉の総合的統一を想定しなくてはならないし、この統一を課題ないし限界として提起し、この限界という理念に即するよう、自らの歩みを果てしなく調整し続けねばならない。理性は、したがって、「すべてはまるで…であるかのように進む」と述べる能力である。理性は、諸々の条件の総体と統一が客体のうちに与えられているなどと主張することは決してない。ただ、客体はわれわれに、われわれの認識の最高段階としてのこの総合的統一へと向かうことを可能にすると主張するだけである。だから、諸現象はその内容において、諸〈理念〉に正確に対応し、諸〈理念〉は、諸現象の内容に正確に対応するのである。だが、われわれはここで、必然的で規定された従属関係ではなくて、対応関係、無規定な一致だけを有することになる。〈理念〉はフィクションではないとカントは述べている。それは、客観的価値を有し、対象をもっている。だが、この対象自身は、「無規定」であり、「蓋然的」なのである。その対象においては無規定であり、経験の諸対象との類比によって規定可能となるが、しかし、悟性諸概念との関係においては無限な規定という理想であるというのが、〈理念〉の三つの側面に他ならない。理性はそれゆえ、悟性諸概念に関して推論するだけでなく、諸現象の内容に関して「象徴する」のである。(15)

諸能力間の関係の問題──共通感覚

三つの能動的能力(構想力、悟性、理性)は、かくして、思弁的関心に関連する一つの関係の中に入る。立法行為と判断を行うのは悟性である。だが、悟性のもとで、構想力が総合と図式化を行い、理性は、認識が最大限の総合的統一を持つことができるように推論と象徴を行う。さて、諸能力間のあらゆる一致は、共通感覚と呼ばれるものを定めることとなる。

「共通感覚〔sens commun/Gemeinsinn〕」とは危険な言葉である。経験論の色合いが濃すぎる。その上、それを一つの特殊な「感官〔sens/Sinn〕」（特殊な経験的能力）として定義してもならない。それは反対に、諸能力のア・プリオリな一致を指し示している。あるいはより厳密に言えば、そのような一致の「成果」を指し示している[16]。この観点から見れば、共通感覚は、心理学的な所与としてではなく、あらゆる「伝達可能性」の主観的条件として現れている。認識は共通感覚を含んでおり、それがなければ認識は伝達されえないし、普遍性を主張することもできない。――この語のこの意味においては、カントは、共通感覚という主観性の原理を、一度たりとも放棄したことはない。すなわち、諸能力を互いに一致させ、調和のとれた釣り合いを形成することを可能にする諸能力のよき本性、健全で真っ当な本性という考えを、一度たりとも放棄したことはないのである。「人間本性の本質的諸目的に関しては、最高の哲学といえども、共通感覚に与えられた指導力が導くよりも遠くまで導くことはできない[18]」。理性でさえ、思弁的観点から見れば、他の諸能力と一致することを可能にするよき本性の恩恵を被っているのである。諸〈理念〉は「われわれの理性の本性によって与えられているのであり、われわれの思弁の全ての権利と要求に関わるこの最高法廷が、それ自身の内に、根源的な錯覚や幻覚を含んでいるなどということはありえない(17)」。

この共通感覚の理論は複雑な問題を引き起こすはずだとして、まずは、それが含意するところを調べてみよう。カント哲学の最も独創的な点の一つは、われわれの持つ諸能力の間の本性上の差異という考えである。この本性上の差異は、認識能力、欲求能力、快・不快の感情の間に現れるのみならず、表象の源泉としての諸能力の間にも現れる。感性と悟性とは、一方が直観の能力として、他方が概念の能力としてあるのであって、本性上異なっている。ここでもまた、カントは、独断論と経験論に同時に反対する。それらはどちらもそれぞれのやり方で、単なる程度の差異を主張していた（一方は、悟性から出発して明晰さの差異を主張し、他方は、感性から出発して生気の差異を主張する）(19)。だが、受動的な感性がどうやって能動的な悟性と一致するのかを説明するために、カントは、諸概念に一致しつつ感性の諸形式にア・プリオリに適用される構想力の総合および図式機能を引き合いに出すのである。しかし、それでは問題の位置がずらされただけである。というのも、構想力と悟性も本性上異なっているのであって、これら二つの能動的能力の間の一致もまた、先に劣らず「神秘的」だからだ（悟性と理性の一致についても同様である）。

カントは恐るべき難題に突き当たっているように思われる。われわれは、カントが主体と客体の間の予定調和という考えを拒否していたことを見た。彼は、客体の主体自身に対する必然的従属という原則をその代わりに置いた。だが、単に、本性において互いに異なる主体の諸能力の水準に移されたというだけのことで、カントは調和という考えを取り戻してしまっているのではないだろうか？　なるほど、このような移転は独創的である。だが、諸能力の調和的な一致や、この一致の成果としての共通感覚を引き合いに出すのでは不十分である。〈批判〉一般は、一致の原則を、共通感覚の発生として要求している（諸能力の調和というこの問題は極めて重要であって、カントはこのパースペクティヴにおいて哲学史を再解釈しようという傾向をもっていたほどである。「これは私が強く確信していることなのですが、ライプニッツが予定調和を述べた時（彼はこれを大いに普遍化しました）、彼がこの思想で念頭に置いていたのは、二つの異なる存在者、すなわち感性的存在者と悟性的存在者との間の調和ではなく、むしろ全く同一の存在者のもつ二つの能力の間の調和であり、この存在者においては、感性と悟性が一致して、一つの経験認識となるということだったのです[18]」。だが、この再解釈それ自体が両義的である。というのも、それは、カントが自らの先達と同様のやり方で、目的論的且つ神学的な最高原理を引き合いに出していることを示すように思われるからである。「これらの能力の起源を探ることは、人間理性の限界を完全に超えていますが、それにもかかわらずどうしてもその起源について判断しようとするのであれば、われわれは、われわれ自身をつくった神的創造者の他に、その根拠を挙げることができません[19]」。

それでも、思弁的形態（*sensus communis logicus*〔論理的共通感覚[20]〕）のもとでの共通感覚について、より詳しく考察してみよう。それは、理性の思弁的関心における諸能力の調和、すなわち、悟性の主宰のもとで諸能力の調和を表現している。ここで諸能力の一致は、悟性によって規定されている。あるいはこう言っても同じ事だが、この一致は、規定済みの悟性概念のもとで起こる。すると、理性の他の関心という観点からすれば、諸能力は、別の能力の規定のもとで、別の共通感覚を形成するよう、別の関係の中に入ることを予想せねばならない。たとえば、道徳的な共通感覚が、理性そのものの主宰で形成されるというように。そういうわけでカントは、諸能力の一致は、（関係を規定するのが、この能力であったり、あの能力であったりするのに応じて）様々な釣り合いにおいて可能であると言うのである。[20] しかし、既に規定されている一つの関係ないし一致の観点に立つそのたびごとに、共通感覚が、われわれにとって、それ以上遡ることのできない一種のア・プリオリな事実のように思われるのは避けがたいことである。

以上のことは要するに、最初の二つの〈批判〉は、諸能力間の関係の起源に関わる問いを解決することができず、ただそれを指摘し、究極の課題であるかのようにわれわれをこの問題へと差し向けることしかできていないと言うに等しい。実際、いかなる特定の一致も、諸能力がより深いところでは、自由で無規定な一致を行いうると想定しているのである。[21] 一致の基礎の問題、あるいは共通感覚の生成の問題が提起されうるようになるのは、ただ、この自由で無規定な一致（*sensus communis aestheticus*〔美的共通感覚〕〔21〕）の水準においてでしかない。こういうわけで、判断力批判においてはじめてその真の意味を見いだすことになる問いへの答えは、純粋理性批判や実践理性批判には期待できないのである。諸能力の調和のための根拠について言えば、〔22〕最初の二つの〈批判〉は、最後の〈批判〉においてはじめて完成することになるのだ。

正当な使用と不当な使用

(1)ただ現象だけが認識能力に従属する(物自体がそれに従属すると言うなら、矛盾を犯すことになる)。思弁的関心は、それゆえ、当然ながら、現象へと向かう。物自体は、本来の思弁的関心の対象ではない。——(2)厳密には、現象はどのようにして認識能力に従属するのか? そしてこの能力の中の何に従属するのか? 現象は、構想力のもたらす総合によって、悟性とその諸概念に従属する。ゆえに、認識能力において立法行為を行うのは悟性である。このようにして理性が、自らの思弁的関心のための配慮を悟性へと委ねるに至るのは、理性それ自身は現象には適用されず、経験の可能性を超え出る諸々の〈理念〉を形成するからである。——(3)悟性は、現象に対して、その形式の観点から立法行為を行う。悟性はそのようなものであるから、自らに従属するものに適用されるのであり、もっぱらそれだけに適用されるのでなければならない。悟性は、われわれに、それ自体としてある物についてのいかなる認識も与えてはくれない。

このような解説では、純粋理性批判の根本的主題の一つを説明できていない。様々な理由から、悟性と理性は、物自体をわれわれに認識させようという野心にさいなまされている。内的な錯覚と、諸能力の不当な使用があるということ、カントはこの主題に絶えず注意を喚起している。構想力は、図式化を行う代わりに、夢想することがある。更には、悟性はもっぱら現象にのみ適用されるはずであるのに（「経験的使用」）、その概念を、それ自体としてある物に適用しようとすることもある（「超越論的使用」）。だが、これでさえまだ最も重大な事態ではない。理性は悟性の諸概念に適用されるべきであるのに（「内在的ないし統制的使用」）、自らを直接に対象に適用し、認識領域の内で立法行為を行おうとすることがある（「超越的ないし構成的使用」）。なぜこれが最も重大な事態であるのか？　悟性の超越論的使用において想定されているのは、悟性が構想力との関係を免れることだけである。ところで、経験の外で獲得される実定的領域についての錯覚を悟性に与えてくる理性が悟性を駆り立てるのでなければ、悟性がそうやって構想力との関係を免れたとしても、消極的な効果をしかもたらさなかったであろう。カントが言うように、悟性の超越論的使用は、悟性が自らの諸々の限界への注意を怠っていることに由来するに過ぎない。対し、理性の超越的使用は、われわれに、悟性の諸限界を飛び越えるよう、命令を下すのである[22]。

『純粋理性批判』がその名に値するものであるのは、まさしくこの意味においてである。カントは、〈理性〉の思弁的錯覚を告発する。すなわち、〈理性〉が魂や世界や神に関してわれわれを誘い込む偽の問題を告発する。誤謬の伝統的概念（精神の中で、外部からの決定によって生み出されるものとしての誤謬）に代えて、カントは、偽の問題そして内的な錯覚の概念を置く。この錯覚は不可避であると、更には理性の本性に由来するものであると言われる。[23]〈批判〉に為しうるのは、認識そのものについての錯覚の効果を払いのけることだけであり、認識能力において錯覚が形成されるのを防ぐことではない。

われわれは今度こそ、純粋理性批判の全体に関わる問題に触れている。理性の内的錯覚ないし諸能力の不当な使用という考えと、カント哲学にとってこれに劣らず本質的である次のもう一つの考え、すなわち、われわれの諸能力（理性をも含めた諸能力）にはよき本性が与えられており、思弁的関心において互いに一致するというこの考えとを、どうやって両立させればよいのか？　一方では、理性の思弁的関心は、当然のごとく、もっぱら現象のみに向かうと言われている。だが他方で、理性は、物自体についての認識を夢想したり、思弁的関心から物自体に「関心をもつ」ことをせずにはいられない。

二つの主たる不当な使用についてより詳しく検討してみよう。超越論的使用とは、すなわち、悟性が、物一般を認識するのを（ゆえに、感性の諸条件から独立して認識するのを）望むことである。したがって、この物は、それ自体としてある物でしかありえない。そしてそれは、超感性的なもの（「ヌーメノン」）[23]としてのみ考えうる。だが、実際には、このようなヌーメノンがわれわれの悟性にとって積極的な対象であることは不可能である。われわれの悟性は、その相関項として、何らかの対象という形式ないしは対象一般を有している。だが、厳密に言えば、対象一般が認識の対象であるのは、感性の諸条件のもとで対象に帰せられる多様性によって、その対象が質を付与される限りにおいてのことだ。対象一般の認識というのは、われわれの感性の諸条件から制限を受けないのであり、端的に、「対象なき認識」である。「それゆえ、諸カテゴリーの単に超越論的な使用は実際には全くいかなる使用でもなく、いかなる規定された対象ももたないし、形式に関してのみ規定可能な対象さえもたない[24]」。

超越的使用とは、すなわち、理性が自分自身で、ある規定された物を認識するのを望むことである（理性が、ある対象を〈理念〉に対応するものと規定するのである）。悟性の超越論的使用と一見したところ反対の定式に思えるが、理性の超越的使用は同じ結果に至る。すなわち、われわれが、ある〈理念〉の対象を規定することができるのは、この対象がカテゴリーに従ってそれ自体で存在していると仮定することによってでしかない[25]。しかも、悟性それ自身をその不当な超越論的使用へと導き、対象認識についての錯覚を生じさせるのも、このような仮定であるのだ。

その本性がどれほどよいものであろうと、理性にとって、自らの思弁的関心への配慮を断念せねばならないということ、悟性に立法的権能を委ねるということは不愉快なことである。だが、まさにこのような意味において、理性の錯覚の方が支配的立場にあることに注意せねばならない。とりわけ、理性が自然状態に留まる限りはそうである。ところで、理性の自然状態は、その社会状態と混同してはならないし、完全な社会状態において実現されるその自然法とすら混同してはならない[26]。〈批判〉とは、まさしくこの社会状態の創設に他ならない。法学者の言う契約と同様、〈批判〉は、思弁的観点から見れば、理性の権利放棄を含意している。だが、理性がこのように権利放棄するときでも、思弁的関心は依然として理性自身の関心であり続けるし、それどころか、まさにこのときにこそ、理性は、自分に固有の本性に基づく法を完全に実現するのである。

しかし、上の答えは十分なものではない。錯覚や倒錯を自然状態に帰すことも、健全な体制を市民状態に帰すことも、いや自然法に帰すことさえ、十分とは言えない。というのも、錯覚は自然法の下でも、理性の社会状態すなわち批判的状態においても（つまり、錯覚がもはやわれわれを欺く力を持たない場合でも）存続するからである。すると、ここに開かれる出口はただ一つである。それは、理性は他面において、物自体に対する、それ自身としては正当で当然な関心を、しかも思弁的ではない関心を抱いているということである。理性の諸関心は互いに無頓着ではいられず、一つの階層化された体系を成しているから、最高次の関心の影が他の関心に投じられるのは避けられない。すると、錯覚ですら、われわれを欺くのを止めるや否や、肯定的で真っ当な意味をもつことになる。錯覚は、諸目的の体系における思弁的な関心の従属を、それなりのやり方で表現しているのである。物自体が先ず第一に、そして本当に、理性の別の関心の対象であるのでなかったなら、思弁的理性が物自体に関心を寄せることなどなかっただろう。[27] したがってわれわれは次のように問わねばならない。この、より高次の関心とは何なのか？（そして、まさに思弁的関心が最高次の関心でないからこそ、理性は、認識能力の立法行為を悟性に委ねることができるのである）。

第二章　実践理性批判における諸能力の関係

立法的理性

欲求能力に高次の形態が可能であることは既に見た。すなわち、欲求能力が、（感性的ないしは知的な）対象の表象によって、つまり、この種の表象を意志に結びつけている快・不快の感情によって規定されるのではなく[1]、純粋な形式の表象によって規定される場合のことである。この純粋な形式が、普遍的立法の形式である。道徳法則は、比較に基づいた普遍や心理的な普遍（たとえば、他者に…をするなかれ、など）としては呈示されない。道徳法則は、われわれの意志の格率を、「普遍的立法の原理」として思考することをわれわれに命ずる。少なくとも道徳に一致するのは、この論理的な吟味に耐えうる行動、言い換えれば、矛盾なく普遍的法則として考えうるような格率をもった行動である。普遍とは、この意味で、ひとつの論理的な絶対である。

普遍的立法の形式は、〈理性〉に属している。実際、悟性それ自体は、その諸表象が、感性の諸条件に制限された対象の表象でないならば、何一つ規定されたものを思考することはできない。あらゆる感情から独立しているだけでなく、あらゆる内容、あらゆる感性的条件からも独立している表象こそが、必然的に理性的な表象である。だが、ここで、理性は推論するわけではない。というのも、道徳法則の意識とは、ひとつの事実であるからだ。「この事実はいかなる経験的事実でもなく、純粋理性の唯一無二の事実であること、純粋理性はこの事実を通じて、自らを根源的に立法的なものとして告げ知らせるということ」[1]。理性は、ゆえに、欲求能力の中で直接に立法行為を行うこの能力のことである。この相のもとでは、理性は「純粋実践理性」と呼ばれる。そして、欲求能力は、(何らかの内容や対象の中ではなくて)自分自身の中に自分自身を規定するものを見いだす場合に、厳密な意味で、意志と、「自律的意志」と呼ばれるのである。

ア・プリオリな実践的総合は何に基づいているのか? この点については、カントの定式は様々だ。だが、法則の単なる形式によって(したがって、あらゆる感性的条件ないしは諸現象の自然的法則からは独立して)十分に規定された意志の本質は何かと問うなら、それは自由な意志だと答えねばならない。そして、自由な意志をそのものとして規定することのできる法則とは何かと問うなら、(普遍的立法の純粋形式としての)道徳法則と答えねばならない。ここにある、相互に含み合う関係とは、おそらく、実践理性と自由が一体でしかないような、そういう関係のことである。だが、問題はここにはない。われわれの採用している表象の視点からするなら、われわれを自由の概念へと導いてくれるのは、実践理性の概念である。その時、自由の概念とは、必然的にこの第一の概念〔実践理性の概念〕に必然的に結びつき、それに属してはいるが、その中に「宿って」いるわけではない何かである。実際、自由の概念は、道徳法則の中に宿っているのではなく、それ自身が思弁的理性の〈理念〉であるのだ。しかし、われわれは自由であることが道徳法則によってわれわれに教えられるのでなかったら、この理念は、全く蓋然的で、制限的で、無規定なものに留まるであろう。われわれが自分自身を自由と知るのも、われわれの自由の概念が客観的で、積極的で、規定された実在性を獲得するのも、ただ道徳法則によってのことである。それゆえ、意志の自律のうちに、われわれは、ア・プリオリな総合を見いだすわけだが、この総合は、自由の概念を実践理性の概念に必然的な仕方で結びつけることによって、この自由の概念に、客観的で規定された実在性を与えるのである。

根本的な問題は次のようなものである。すなわち、実践理性の立法行為はいったい何に向かっているのか？　実践的な総合に従属する存在ないし対象とは何なのか？　これはもはや、実践理性の原則の「究明」の問題ではなく、「演繹」の問題である。ところで、われわれには一つの手がかりがある。自由な諸存在だけが、実践理性に従属できるというものだ。実践理性は、自由な諸存在に対して立法行為を行う。あるいはより正確に言えば、そうした諸存在の因果性に対して立法行為を行う（ここで因果性とは、自由な存在が何ごとかの原因になる作用のことである）。ここで、自由の概念そのものではなくて、そのような概念が表象していないものについて考えてみよう。

空間と時間という条件のもとで現れている諸現象について考察している限りは、自由に似たものを何も見いだすことはできない。諸現象は、厳密に自然的因果性（悟性のカテゴリーとしてのそれ）の法則に従属している。この法則によれば、各々の現象は別の現象の結果であり、この関係は無限に遡る。またそれぞれの原因は、先行する原因に結びついている。反対に、自由は、「ある状態を自ら始める」能力によって定義され、「その状態の因果性は、（自然法則におけるように）自らを時間に従って規定してくる他の原因に属することはない」[2]。この意味で、自由の概念は、現象を表象することはできない。それはただ、直観には与えられることのない物自体を表象するだけである。三つの要素が、われわれをこの結論へと導く。

(1)認識は現象だけに向かうので、認識に固有の関心において、物自体の存在は認識されえないのだが、しかし、感性的現象そのものの根拠になるためにそれは思考されねばならないのであって、認識は物自体の存在をそのようなものとして措定することを強いられる。したがって物自体は、「ヌーメナ」[2]として、すなわち、認識の限界を印付け、認識を感性の諸条件のもとに追い返す可想的[3]ないし超感性的な事物として思考されねばならない[3]。――(2)少なくとも、ある一事例においては、自由が物自体に帰属しており、ヌーメノンが自由なものとして考えられねばならない。その事例とは、つまり、このヌーメノンに対応する現象が、単なる感性には還元されない能動的で自発的な諸能力を享受する場合である[4]。われわれは悟性を有しており、なにより理性をもっている。われわれは知性である[4]。知性として、あるいは、理性的存在として、われわれは自らを、自由な因果性が備わった、可想的ないし超感性的な世界の成員と考えねばならない[5]。――(3)だが依然としてこの自由の概念は、仮に理性が思弁的関心以外の関心をもたないとしたら、ヌーメノンの概念と同様、ただ蓋然的で無規定のものに留まっていただろう（必然的ではあったかもしれないが)。われわれは、ただ実践理性だけが、自由の概念を規定し、それに客観的な実在性を与えることを見た。実際、道徳法則が意志の法則である時には、あらゆる原因をそれに先行する原因へと結びつける、感性の自然的諸条件から、意志は、完全に独立している。「何ものもこの意志の決定に先行しない(5)」。それゆえに、自由の概念は、理性の〈理念〉として、あらゆる他の〈理念〉にまさる特権を享受している。自由の概念は、実践的に規定されうるのだから、物自体に対して、それがひとつの「事実」であることの意味ないし保証を与え、われわれを可想的世界へと実際に浸透させる唯一の概念(唯一の理性の〈理念〉)である(6)。

したがって、実践理性は、自由の概念に客観的実在性を与えることによって、まさしくこの概念の対象に対して立法行為を行うように思える。実践理性は、物自体に対して、物自体としての自由な存在に対して、そのような存在のヌーメノン的で可想的な因果性に対して、そのような存在によって形成される超感性的な世界に対して、立法行為を行う。「われわれが概念化できる限りの超感性的自然とは、純粋実践理性の自律のもとにある自然に他ならない。この自律の法則は、ところで、道徳法則である。道徳法則はそれゆえ超感性的自然の根本法則であり〔…〕」。「道徳法則は実際、自由による因果性の法則であり、それゆえに、超感性的自然の可能性に対する法則であって〔…〕」(7)。道徳法則は、われわれの可想的存在の法則、すなわち、物自体としての主体の自発性および因果性の法則である。それゆえにカントは、二つの立法行為と、それに対応する二つの領域とを区別している。すなわち、「自然諸概念による立法」とは、これら〔自然〕諸概念を規定するものである悟性が、認識能力ないし理性の思弁的関心の中で立法行為を行う場合を言う。その領域は、あらゆる可能な経験の対象としての現象の領域、ただし、現象が感性的自然を形づくる限りにおいてのかかる領域である。「自由概念による立法」とは、この〔自由〕概念を規定するものである理性が、欲求能力において、すなわち、自らの固有の実践的関心において立法行為を行う場合を言う。その領域は、ヌーメナとして思考された物自体の領域、ただし、物自体が超感性的自然を形づくる限りにおいてのかかる領域である。これこそが、カントの言うところの、二つの領域の間の「大きな裂け目」である(8)。

したがって、存在はそれ自体としては、自らの自由な因果性において、実践理性に従属している。しかし、この「従属」をどういう意味で理解すればよいだろうか？　悟性が思弁的関心において諸現象に対して働きかける時、悟性は自分以外のものに対して立法行為を行っている。しかし、理性が実践的関心において立法行為を行う時、理性の立法行為の向かう先は、理性的で自由な諸存在であり、あらゆる感性的条件から独立した、かかる存在の可想的実存である。つまり、理性的存在が、自らの理性によって、自らに対して、ひとつの法則を与えるのである。諸現象に関して起こることとは正反対に、ヌーメノンは、思考に対し、立法者と臣民の同一性を呈示する。「その人格が道徳的法則に従属している限りでは、なるほど彼に何の崇高性もないが、しかし彼が当の道徳法則に関して同時に立法的に行為しており、またそれゆえにのみその道徳法則に服しているのであれば、その限り確かに彼に崇高性がある(9)」。これこそが、実践理性の場合における「従属」の意味に他ならない。すなわち、同じ存在が臣民であり立法者であり、それゆえに立法者はここで、自らが立法行為を行っている対象である自然の一部を成しているということである。われわれは超感性的自然に属しているのだが、それは立法者たる成員としてである。

道徳法則がわれわれの可想的実存の法則であるというのは、可想的存在が超感性的自然を構成する形式がこの道徳法則だという意味においてである。実際、道徳法則はあらゆる理性的存在にとって規定的な同じひとつの原理を内に含んでおり、理性的諸存在の体系的な統一はこの原理に由来するのである。[10] そこから悪の可能性も理解される。悪は感性とのある種の関係に立っていると、カントはどこまでも主張する。〔6〕しかしそれでもなお、悪はわれわれの可想的性格の中に根拠をもっている。嘘や罪は、感性上の効果に過ぎないが、それでもなお、それらは、時間の外にある、可想的原因を有している。まさにそれゆえにこそ、実践理性と自由とを同一視してはならないのである。自由の中には常に自由意志の地帯があり、われわれはそれによって、道徳法則に反した選択をすることも可能である。道徳法則に反して選択する時にも、われわれは可想的実存であることを止めるわけではなく、ただ、この実存が自然の一部を成し、他の諸々の実存と一個の体系的全体を構成する際の条件を失っているだけである。われわれは臣民たることを止めることになるが、それはなによりもまず、われわれが立法者たることを止める（実際、〔そのとき〕われわれは、われわれを規定する法則を感性から借用している）〔7〕からである。

悟性の役割

それゆえ、感性的なものと超感性的なものとが、それぞれ一個の自然を形づくるといっても、その意味するところは大変異なっている。二つの〈自然〉の間には、ひとつの「類比《アナロジー》」（実存が諸々の法則のもとにあること）があるだけである。その逆説的な性格のため、超感性的自然が完全に実現されることは絶対にない。というのも、ひとつの理性的存在にとっては、彼の同胞たちが彼の実存にあわせて自分たちの実存を作り上げるとか、道徳法則によってのみ可能であるこの「自然」を彼らが形成するとか、そうしたことを保証してくれるものは何ひとつないからである。したがって、二つの自然の関係が類比的なものであるというだけでは十分ではない。次のように付け加えねばならない。超感性的なものそれ自体は、感性的自然との類比によってしか、ひとつの自然として考えることはできない[11]。

以上の事態は、実践理性の論理的吟味においてはっきりと見いだされる。その中では、意志の格率が普遍的法則という実践的形態を取りうるのかどうかが問われているからだ。まず、格率が、感性的自然についての普遍的な理論的法則の内に確立されうるのかどうかが問われる。たとえば、仮に世の中の人全員が嘘をついていたとしたら、約束というものはおのずから崩壊してしまうだろう。というのも、誰かがそれを信じるというのは矛盾しているからである。したがって嘘は、(感性的)自然の法則たる価値をもつことはできない。ここから次のように結論できる。仮にわれわれの意志の格率が感性的自然についての理論的法則であったなら、「各人が真実を言うことを強いられただろう」[12]。ここから、嘘をついて人を欺こうとする意志の格率が、理性的諸存在に対して、純粋な実践的法則の役目を果たし、これらの諸存在がひとつの超感性的自然を成すようにするのなら、どうしても矛盾に陥らざるをえないことが帰結する。ある格率が超感性的自然の実践的法則として考えられうるかどうか(つまり、超感性的ないし可想的自然がそのような法則のもとで可能であるのかどうか)をわれわれが知ろうと努めるのは、感覚的自然についての理論的諸法則の形態との類比によってである。この意味で、「感性界の自然」は、「可想的自然の範型」として現れる[13]。

悟性がここで本質的な役割を演じているのは明らかである。実際、感性的自然に属するもので、直観や構想力に帰せられるものは、何一つ保持されていない。われわれが保持するのは、ただ、立法的悟性の中に見いだされるような「法則への合致の形式」だけである。しかし、われわれがこの形式、そして悟性を使用するのは、他ならぬ悟性がもはやそこでは立法者ではない、そのような関心に従ってであり、そのような領域においいてである。というのも、われわれの意志を規定する原則を構成しているのは、格率と、感性的自然についての理論的法則という形態との比較ではないからだ(14)。比較は、ひとつの格率が実践理性に「適合」しているのか、ひとつの行動が規則におさまるのか、つまり、いまだひとり立法的である理性の原理のもとにおさまるのか、それをわれわれが知ろうとする際の一手段に過ぎない。

ここでわれわれは、新しい形態の調和、諸能力の調和の新しい釣り合いと出会うことになる。理性の思弁的関心に従うならば、悟性は立法行為を行い、理性は推論し、象徴する（理性は、経験の諸対象との「類比によって」、自らの〈理念〉の対象を規定する）。理性の実践的関心に従うなら、立法するのは理性そのものである。対し、悟性は判断し、あるいは推論することとすらあり（但しこの推論は非常に単純なものであり、単なる比較に基づいている）、象徴も行う（悟性は感性的な自然法則から、超感性的自然のための範型を取り出す）。ところで、この新しい形態においても、われわれは常に同じ原則を維持しなければならない。すなわち、立法行為を行わない能力は、それのみが果たすことのできる役割、立法的能力によってそれを果たすよう決められた代替不可能な役割を演ずるということである。

いったいどういうわけで、悟性がそれ自身で、立法的な実践理性と調和しつつ、ひとつの役割を演じられるのだろうか？　因果性の概念について考えてみよう。この概念は、欲求能力の定義（欲求能力が生み出そうとしている対象への表象の関係）の中に含まれているものだ。[15]したがってそれは、この能力に関する理性の実践的使用の中にも含まれている。しかし、認識能力との関連で思弁的関心を追求する時には、理性は、「悟性にすべてを委ねる」[8]。因果性は、カテゴリーとしては悟性に属しているが、それは根源的な産出的原因という形態においてではなく（なぜなら諸現象はわれわれによって産出されるのではないから）、自然的な因果性という形態、つまり、感性的な諸現象を際限なく互いに結びつけている結合という形態においてである。反対に、自らの実践的関心を追求する時には、理性は、別の関心の観点においてのみ悟性に貸し与えていたものを、悟性から取り戻す。欲求能力をその高次の形態において規定しながら、理性は「因果性の概念を自由の概念に結び合わせる」、言い換えれば、理性は因果性のカテゴリーに超感性的な対象（根源的な産出的原因としての自由な存在）を与える。[16]すると、理性は、自らが悟性に委ね、いわば感性的自然の中へと疎外してしまったものを、いかにして取り戻すことができるのか、と問われることになるだろう。だが、まさしく、カテゴリーはわれわれに可能な経験の対象しか認識させないということが真実だとしても、また、カテゴリーは感性の諸条件から独立しては対象についての認識を形成できないというのが真実だとしても、それでもカテゴリーは、非感性的な諸対象に関して、純粋に論理的な意味を保持しているし、そうした諸対象が他方で認識の観点とは別の観点から規定されているという条件においては、それら非感性的な諸対象に適用されうるのである。[17] かくして理性は、因果性の超感性的対象を実践的に規定し、因果性それ自体を、類比によって〔超感性的〕自然を形成するのに適した自由な因果性として規定するのである。

道徳的共通感覚と諸々の不当な使用

カントはしばしば、道徳法則には繊細な推論は必要ないのであって、それは理性の最もよくある、ありふれた使用法に依拠しているということに注意を促している。悟性の行使でさえ、いかなる予備的な訓練も、「科学も哲学も」前提していない。それゆえ、われわれは、道徳的な共通感覚について語らねばならない。確かに、「共通感覚」を経験論的な仕方で理解し、それを特殊な感官、感情とか直観などと見なしてしまう危険は常に存在する。道徳法則そのものに関して言えば、これ以上に悪しき混同はないだろう。(18)それに対しわれわれは、共通感覚を、諸能力のア・プリオリな一致として、立法的能力としてのそれらの能力のうちのひとつによって規定された一致として定義する。道徳的な共通感覚とは、理性そのものの立法行為のもとでの、悟性と理性との一致のことである。ここで再び、諸能力の良き本性という考え、そして、理性の一関心に一致する形で規定された調和という考えが見いだされることになる。

しかし、『純粋理性批判』におけると同様、カントは、不当な行使ないし使用のことは弾劾している。哲学的反省が必要であるのは、諸能力が、良き本性を持つにもかかわらず、諸々の錯覚を生み、その中に陥らずには済ませられないからである。「象徴」する代わりに(言い換えれば、自然法則の形態を道徳法則の「範型」として利用する代わりに)、法則を直観へと関係づける「図式」を探し求めるということが悟性に起こることがある。(19)更には、感性的諸傾向や経験的関心に対して原則的には何も認めずにただひたすら命令を下す代わりに、義務とわれわれの欲望とを一致させようとする傾向が、理性にも生ずる。「ここから、自然的弁証論が生まれる」。(20)したがって、ここでもまたカントの二つのテーマ、すなわち、自然的調和(共通感覚〔sens commun〕)と不調和な行使

（無意味〔non-sens〕）とがいかに両立するのかが問われねばならない。

カントは、思弁的な純粋理性批判と実践理性批判との差異を強調する。実践理性批判は実践的な純粋理性批判ではない。実際、思弁的関心においては、理性は自分では立法行為を行うことができない（自分自身の関心の面倒を見ることができない）。したがって、純粋理性が立法者としての役割を果たすと主張するや否や、他ならぬ純粋理性が内的錯覚の源泉となる。反対に、実践理性においては、理性は立法の配慮を他の誰にも渡すことはない。「純粋理性は、いったんそうしたものが存在することが証示されれば、もはや批判を必要としない[21]」。批判を必要とするもの、錯覚の源泉となるもの、それは実践的な純粋理性ではなく、経験的な諸々の関心がそこに反映されている限りでその中に混入する不純性なのである。思弁的な純粋理性批判に対応するのは、したがって、不純なる実践理性批判である。しかしながら、二つの間には共通の何かが存在する。いわゆる超越論的方法とは、常に、理性の諸々の関心のうちのひとつに即して、理性の内在的な使用を規定することである。純粋理性批判は、したがって、自分自身で立法行為を行うと主張する思弁的理性の超越的使用を告発する。対し、実践理性批判は、自分自身で立法行為を行うのではなく、自らが経験的に条件付けられるのをそのままにしておく実践理性の超越的使用を告発する。

しかしながら、読者には、カントが二つの批判の間に打ち立てたこの有名な平行関係が、提起された問題に十分に答えているのかどうかを問う権利がある。カント自身は、実践理性のただひとつの「弁証論」について語っているのではなく、かなり異なった二つの意味でこの語を用いている。実際彼は、実践理性が、幸福と徳との間の必然的な結びつきを措定せずにはいられず、かくして二律背反《アンチノミー》に陥ることを示している。この二律背反は、幸福は徳の原因たることはできず（なぜなら、道徳法則は良き意志を規定する唯一の原理であるから）、徳もまた幸福の原因たることはできそうにない（感性界の諸法則は良き意志の意図には則っていないから）という点に存している。ところで、確かに幸福の観念には、われわれの諸々の欲望と傾向の完全な充足が含まれている。しかし、この二律背反の中にあるのは、諸々の経験的関心が投影されたその結果だけだと言い切ることには、われわれは躊躇を感じるであろう。というのも、純粋な実践理性それ自身が、徳と幸福の結びつきを求めるからである。実践理性の二律背反は、前の（思弁的理性の弁証論）よりいっそう深い「弁証論」を表現しており、純粋理性の内的錯覚をその内に含んでいる。

この内的錯覚の説明は次のように再構成されうるだろう。[22] (1)純粋実践理性は、欲求能力を規定する原理として、いかなる快楽をも、いかなる満足をも排除する。しかし、欲求能力は、法則によって決定される時、まさしくそのように決定されることによって満足を感じる。感性的な諸傾向から自分たちが独立しているという事態を表現する消極的な一種の享楽、われわれの悟性と理性の形式上の一致を直接に表現する純粋に知的な満足を感じる。――(2)ところで、この消極的な享楽をわれわれは積極的な感性的感情と、いやそれどころか意志の動機とさえ混同してしまう。われわれは、この能動的な知的満足を、何か感じられたもの、体験されたものと混同してしまう(能動的な諸能力の一致が、経験論者にとって、特殊な感覚のように見えるのはまさにこのような事情による)。ここにあるのは、純粋な実践理性がそれ自身では避けることのできない内的錯覚に他ならない。「ここには常に論点窃取と呼ばれる誤謬(*vitium subreptionis*)の根拠、いいかえれば感ずることと区別されたなす事についての自己意識が抱くいわば幻影の根拠があって、きわめてこの種のことに経験豊かなひとでもこの錯覚を完全に避けることはできないのである」[9]。――(3)二律背反は、それゆえ、実践理性に内在する満足、この満足と幸福との避けがたい混同に基づいている。だから、われわれは、幸福それ自体が徳の原因であり動機であるとか、徳はそれ自体で幸福の原因であるなどと思ってしまうのである。

諸々の経験的な関心ないし欲望が理性のうちに投影され、それを不純にするということが、「弁証論」という語の第一の意味に即して真実であるとしても、この投影は、それでもやはり弁証論という語の第二の意味に即して、純粋な実践的理性そのもののうちに、いっそう深い内的な原理をもっている。消極的で知的な満足と幸福との混同は、完全に消し去ることはできない内的錯覚であって、その効果は哲学的な反省によって払いのけられるに過ぎない。だが、そうだとしても、この意味での錯覚が、諸能力の良き本性という考えに反しているのは見かけのことに過ぎない。二律背反それ自体がひとつの全体化を準備しているのであり、これは確かに、二律背反には実現できないものなのだが、しかし、われわれに、反省の観点から、二律背反の適切な解決あるいは二律背反という迷路の鍵として、この全体化を探求するよう強いるのである。〔10〕「純粋理性の弁証論は純粋理性の二律背反を暴きだすが、この二律背反こそは、実のところ、人間理性がかつて陥ることのあった最も有益な誤謬である」(23)。

実現の問題

感性と構想力はこれまでのところ、道徳的共通感覚においていかなる役割も果たしていない。これは驚くにはあたらない。というのも、道徳法則は、その原理においても、その範型的適用においても、あらゆる図式、あらゆる感性の条件から独立しているし、自由な存在や因果性はいかなる直観の対象でもないし、超感性的〈自然〉と感性的自然は、ひとつの裂け目によって隔てられているからだ。確かに道徳法則が感性に対して作用を働くことはある。しかしここで感性は、感情として考えられているのであって、直観としてではない。それに、法則のもたらす効果も、それ自体として積極的というよりはむしろ消極的な感情であり、快よりも不快に近い。法則に対する尊敬の感情とはこのようなものである。それは唯一の道徳的「動機」として、ア・プリオリに規定されうるのだが、感性に対し、諸能力の関係の中でのひとつの役割を与えるというよりも、これを貶めるものである（道徳的動機が、われわれが先ほど見た知的な満足によって提供されることはありえない。この満足は少しも感情ではない。ただ感情の「類似物《アナローグ》」であるただ法則に対する尊敬だけがそのような動機を提供できる。この尊敬は、道徳性それ自体を動機として呈示する）。(24)〔11〕

実践理性と感性の関係の問題は、以上によって解決もされなければ、取り除かれることもない。尊敬はむしろ、積極的に果たされるべきものに留まっているひとつの課題にとっての予備的な規則として役立つ。ひとつだけ、実践理性批判の全体に関わる危険な誤解がある。それは、カントの言う道徳は自らが実現されることに無関心であると考えてしまうことだ。実のところ、感性界と超感性界の間の裂け目は、埋められるためにのみ存在する。すなわち、超感性的なものが認識されるのを免れ、感性的なものから超感性的なものへとわれわれを移行させる理性の思弁的使用なるものが存在しないとすれば、その代わりに、「超感性的なものは、感性的なものに対して、ある影響を及ぼすべきであり、自由の概念は、その法則によって課された目的を感性界の中で実現すべきである」(25)。つまり、超感性界は原型〔*archétype*〕であり、感性界は「模型〔*ectype*〕である。なぜなら、それは前者の理念から生ずる可能的結果を含んでいるからだ」(26)。自由な原因は純粋に可想的である。しかし、われわれは、現象であるのも、物自体であるのも、同じひとつの存在なのであり、現象としては自然的必然性に従属し、物自体としては自由な因果性の源泉であると考えねばならない。それだけではない。同じ行動、同じ結果が、一方で、感性的諸原因の連鎖へと送り返され、この連鎖によればこの行動ないし結果は必然的なものであるわけだが、他方で、それ自身が自らの諸々の原因とともに、ひとつの自由な〈原因〉にも送り返されるのであり、この行動ないし結果はこうした原因の表徴ないし表現であるのだ。自由な原因は、決して自らの内にその結果を持つことはない。なぜなら、自由な原因の中には何も到来しないし、何も始まりはしないからである。自由な因果性は感性上の結果以外の結果をもたらさない。ゆえに、自由な因果性の法則としての実践理性は、それ自体が、「諸現象に対して何らかの因果性をもつ」はずである。(27) そして、超感性的自然は、自由な存在が理性の法則のもとで形成するものであるわけだが、これは感性界の中で実現されるはずである。自然における自由のもたらす諸々の感性上の結果が道徳法則に一致するのか否かにしたがって、自然と自由が助け合う関係や、両者が対立する関係について語ることができるのはこの意味においてである。「対立関係や助け合う関係は、現象としての自然と、感性界における諸現象としての自由のもたらす結果との間にしか存在しない」。(28) われわれは、自然と自由に、感性的自然と超感性的自然に対応する二つの立法行為、したがって二つの領域〔domaines〕が存在すること

を知っている。しかし、ただひとつの領土〔terrain〕、つまり経験という領土しか存在しないのである。(12)

カントは、「ひとつの実践理性批判における方法の逆説」と自ら呼ぶものを次のように呈示している。対象の表象が自由な意志を規定したり、道徳法則に先行したりすることは絶対にありえない。だが、道徳法則は、意志を直接に規定することで、対象をも、この自由な意志に一致するものとして規定する。(29) より正確に言えば、理性が欲求能力において立法行為を行う時、欲求能力はそれ自身で対象に対して立法行為を行っている。実践理性の対象は、いわゆる「道徳的善」の形をとる（われわれが知的満足を体験するのは、善の表象に関連してである）。ところで、「道徳的善は、対象に関して言えば、超感性的な何かである」。だが、道徳的善はこの対象を、感性界の中で実現されるべきものとして、言い換えれば「自由によってなされる可能な結果として」呈示する。(30) それゆえ、最も一般的な定義においては、実践的関心は、諸対象と理性の関係として、それもこれらの対象を認識するための関係としてではなく、それらを実現するための関係として現れる。(31)

道徳法則は、直観ならびに感性の諸条件から完全に独立している。つまり、超感性的

〈自然〉は、感性的〈自然〉から独立している。諸々の善も、それ自体、それらを実現するわれわれの物理的能力から独立しており、それらを実現する行動を意志する道徳的可能性によって（但し論理的な吟味に一致する仕方で）規定されているに過ぎない。しかし、道徳法則は、自らのもたらす感性上の帰結から切り離されれば何ものでもないことに変わりはない。自由もまた、自らのもたらす感性上の結果から切り離されれば何ものでもないことに変わりはない。ならば、法則を、諸々の存在自体の因果性自体に対して、つまり純粋な超感性的自然に対して立法行為を行うものとして呈示するだけで十分だったのだろうか？　確かに、諸現象が実践理性の原則としての道徳法則に従属するなどと言うのはばかげている。感性的自然は法則のための道徳性など備えていない。自由のもたらす諸結果でさえ、感性的〈自然〉の法則としての機構《メカニスム》に損害を与えることはできない。それらの諸結果は互いに必然的に結び合っており、自由な因果性を表現する「ただひとつの現象」を形づくっているからだ。自由が感性界の中で奇跡を生み出すことは絶対にありえない。しかし、実践理性が、ただ超感性界に対してのみ、そして、それを構成している諸存在の自由な因果性に対してのみ立法行為を行うのが正しいとしても、この立法行為の全体が、この超感性界を、感性的なものの中で「実現」されねばならない何かにしていること、そして、この自由な因果性を、道徳法則を表現するような感性上の諸結果を有するはずの何かにしていることには変わりはないのである。

実現の諸条件

とはいえ、このような実現が可能でなければならない。そうでなければ、道徳法則はそれ自身で崩れ去ってしまう[32]。ところで、道徳的善の実現は、感性的自然（自らの諸法則に従っている）と、超感性的自然（自らの〔単一の〕法則に従っている）とが一致することを前提している。この一致は、幸福と道徳性との間の釣り合いの理念の中に、言い換えれば、「純粋実践理性の対象の総体」としての〈最高善〉の理念の中に現れる。だが、〈最高善〉の方はどうやって可能であるのか、つまりどうやって実現可能であるのかと問われるならば、われわれは次のような二律背反にぶつかることになる。幸福を求める欲望が徳の動機となるというのは問題外である。だが、徳の格率が幸福の原因となるのも同じく問題外である。なぜなら、道徳法則は感性界に対して立法行為を行うのではないし、感性界は自らの固有の諸法則によって支配されていて、この諸法則は意志の道徳的意図には無関心だからである。しかしながら、この第二の方向は次のような解決を閉ざすものではない。すなわち、徳と幸福とが直接に結びつくことはないけれども、無限に向かう進行（不死の魂）という展望の中で、感性的自然の叡智的作者すなわち「世界の道徳的原因」（神）を媒介とすれば、両者は結び付きうる。かくして、魂と神の〈理念〉こそは、実践理性の対象それ自体が、可能かつ実現可能なものとして措定されるための必要条件となるのである。(33)

自由（超感性界の宇宙論的〈理念〉としての）が道徳法則から客観的実在性を受けとるという点については既に見た。魂という心理学的〈理念〉と、最高存在という神学的〈理念〉も、この同じ道徳法則のもとで、客観的実在性を受けとることになる。その結果、思弁的理性の三大〈理念〉が同じ平面の上に置かれうることとなる。つまり、思弁的観点からは蓋然的で未規定ではあるけれども、道徳法則から実践的規定を受けとっているという点で、三者は共通している。この意味で、そして、実践的に規定されている限りにおいて、これら三大〈理念〉は、「実践理性の諸要請」と呼ばれるのである。それらは、「純粋な実践的信仰」の対象をなしている。(34) しかし、もっと正確に見てみると、実践的規定が三つの〈理念〉に対して同じように向かっているわけではないことが分かるだろう。道徳法則によって直接に規定されているのは、自由の〈理念〉だけである。ゆえに、自由とは、要請というよりは、「事実的な内容〔matière de fait〕」、あるいは定言命題の対象なのである。他の二つの理念は、「要請」として、自由な意志の必然的対象の条件であるに過ぎない。「これらの概念〔神と不死の概念〕の可能性は、自由が現実的であることによって証明される(35)」。

しかし、そうした諸要請だけが、感性的なものにおける超感性的なものの実現の条件なのだろうか？　いや、〈感性的自然〉それ自体に内在する諸条件が、その上、必要である。そうした諸条件によって、〈感性的自然〉の中に、超感性的な何かを表現ないし象徴する能力が打ち立てられねばならないからである。これら諸条件は、次の三つの相において呈示される。諸現象の内容における自然的合目的性。美的対象における自然の合目的性という形式。自然という無定形なもの〔l'informe〕における崇高なもの。この三つ目の崇高なものを通じて、感性的自然それ自体が、高次の合目的性の存在を証言する。ところで、後の二つの場合には、われわれは、構想力が基本的な役割を演じているのを目にする。構想力は、悟性の一定の概念に依存することなく自由に働くこともあれば、自らの限界を超え、自らを制限なき者と感じて、理性の諸〈理念〉に自らを関係付けることもある。かくして、道徳性の意識、すなわち、道徳的共通感覚は、単に信仰のみならず、構想力のもたらす作用をも伴っており、その作用を通じて、〈感性的自然〉は超感性的なものの効果を受けとるのに適したものとして現れるのである。したがって、構想力はそれ自体が、実際に、道徳的共通感覚の一部をなしている。

実践的関心と思弁的関心

「心の能力には、すべて、関心を与えることができる。言い換えれば、その能力が行使されるための条件を含んだ原理を与えることができる」(36)。理性の諸関心は、次の点において、経験的諸関心からは区別される。すなわち、理性の諸関心も対象に向かうのだが、しかし、それはただ、そうした対象が能力の高次の形態に従属する限りにおいてだということである。たとえば、思弁的関心は諸現象に向かうが、それは諸現象が感性的自然の形をとる限りにおいてである。実践的関心は物自体としての理性的存在に向かうが、それはそうした存在が、実現されるべき超感性的自然の形をとる限りにおいてである。二つの関心はその本性において異なっている。その結果、理性は、自らの実践的関心によって開かれる領域に入る時には、思弁的な進歩を果たしはしない。〈思弁的理念〉としての自由は、蓋然的であり、それ自体としては未規定である。自由が道徳法則から直接の実践的規定を受けとる時には、思弁的理性は外延上何も得るものはない。「これによって思弁的理性は、ただ、自由というその蓋然的な概念の保証に関してのみ、得るところがあり、自由の概念はここで、単に実践的ではあるが疑う余地のない客観的実在性を獲得する」(37)。実際、われわれはこれまでと同様、自由な存在の本性を知らない。われわれは、これに関係しうるいかなる直観ももってはいないからだ。われわれは道徳法則によって、ただ、そのような存在が存在していること、そして、自由な因果性を有していることを知るだけである。実践的関心とは、表象の対象への関係が認識を形づくるのではなく、実現されるべき何かを指示する、そのようなもののことなのである。魂と神も同様に、〈思弁的理念〉として実践的に規定はされても、認識の観点から見れば、それによっていかなる拡張を得るわけではない(38)。

しかし、これら二つの関心は単に互いに調整されているだけではない。思弁的関心が実践的関心の下位に置かれ、これにしたがっているのは明らかである。感性界は、より高次の関心から見て、超感性的なものを実現する可能性を証言しているのでなかったら、思弁的関心を惹くことはなかっただろう。それゆえに、思弁的理性それ自体の諸〈理念〉が受ける直接的規定は、実践的でしかありえない。カントの言う「信仰」において、このような事態がはっきりと見て取れる。信仰は、思弁的命題であるが、しかし、道徳法則から受けとる規定によってはじめて実然的〔13〕となる命題である。信仰もまた、ある特殊な能力に準拠するのではなく、思弁的関心の実践的関心への従属と同時に、前者と後者の総合を表現する。ここから、神の存在の道徳的証明が、あらゆる思弁的な証明に対して優位にあることが帰結される。というのも、認識の対象である限りでは、神は、間接的、類比的にしか規定されない（この場合には、神は、諸現象がそこから最大限の体系的統一を引き出す源泉として規定される）のだが、信仰の対象としては、神はひたすら実践的な規定と実在性（世界の道徳的創造者）とを獲得するからである(39)。

関心一般は、目的の概念を含んでいる。ところで、理性が、その思弁的使用において、自らの観測する感性的自然の中に諸目的を見いだすのを断念することはないとはいえ、これらの実質的な目的も、自然に対するこの観測と同様、究極目的を表象するわけではない。「認識されているという事実は、世界にいかなる価値をも与えることはできない。むしろ、この世界の観測そのものに何らかの価値を与える究極目的を、世界に対して前提しなければならない」[40]。しかし、究極目的とは、実際、二つのことを意味している。すなわち、究極目的が適用される諸存在は、一方で、目的そのものとして考えられねばならないものであり、他方で、感性的自然に、実現されるべき最終目的を与えねばならぬものである。最終目的は、したがって、必然的に、実践理性の概念、あるいは、高次の形態における欲求能力の概念である。道徳法則だけが理性的存在を目的そのものとして規定する。なぜなら、道徳法則は、自由の使用において最終目的を構成していると同時に、この最終目的を感性的自然の最終目的として規定しているからであり、われわれに、普遍的幸福を道徳性へと結びつけることによって超感性的なものを実現することを命じるからである。「創造が究極目的をもつとすれば、われわれはこれを、道徳的目的との調和においてしか考えることはできない。道徳的目的だけが、目的の概念を可能にするからである。〔…〕実践理性は、ただ究極目的を指示するだけでなく、この概念を、創造の究極目的がそのもとでのみわれわれによって考えられうる諸条件との関係において規定する」[41]。思弁的関心が感性的自然の中に諸目的を見いだすのは、ただ、より深いところで、実践的関心が、目的そのものとして、そしてまた、この感性的自然それ自体の最終目的として、理性的存在を含んでいるからに他ならない。この意味で、「すべての最終目的として、の関心は実践的なものであり、思弁的理性の関心ですらも制約されてあることをまぬかれず、ただ実践的使用においてのみその完成をみる」と言わねばならない(42)。

第三章　判断力批判における諸能力の関係

感情の高次形態は存在するか？

この問いは、次のことを意味している。主体の状態を快もしくは不快として、ア・プリオリに規定する表象は存在するのか？　感覚はこの場合には当てはまらない。感覚が生み出す快・不快（感情）は、経験的にしか知られえないものだからである。対象の表象がア・プリオリである場合も、事態は同様である。ならば、ひとつの純粋形式の表象としての道徳法則が引き合いに出されるのだろうか？（法則の効果としての尊敬の念は、不快の高次形態とも言えるだろうし、知的な満足は快の高次の状態でもあるだろう）。だが、これに対するカントの答えは否定的である。[1]というのも、満足は感性的効果でも、特殊な感情でもなく、感情の知的「類似物」だからである。尊敬の念それ自体がひとつの結果であるのも、それが消極的な感情である限りにおいてである。その積極面においては、尊敬の念は、動機としての法則に由来するというより、それと混じり合ってひとつになってしまう。一般的な規則として言えば、感情能力が、欲求能力の低次ないし高次の形態の中に自らの法則を見いだす場合には、自らの上位形態へと達するのは不可能である。

すると、高次の快とはいったい何なのか？　それはいかなる感性的魅力（何らかの感覚の対象の存在に対する経験的関心）にも、いかなる知的傾向性（意志にとっての何らかの対象の存在に対する純粋な実践的関心）にも結びつけられるべきものではないはずだ。感情能力は、その原理において無関心であることによってはじめて、高次のものとなりうる。問題となるのは、表象された対象の存在ではなくて、ある表象が私に及ぼす単なる効果の方である。高次の快は、純粋な判断の、つまり、判断するという純粋な作用の感性的表現であると言っても同じことである[2]。この作用は、「これは美しい」という型の美的判断においてまず現れる。

しかし、美的判断において、この高次の快を効果として持ちうる表象とはいかなるものか？　対象の物的な存在は重要ではないのだから、問題となるのは、なおも、ひとつの純粋な形式の表象である。だが、今度は対象の形式が問題になる。そしてこの形式は、単に、物的に存在している外部の対象へとわれわれを関係づけるような直観の形式ではありえない。事実、「形式」は、ここで、ある単独の対象についての、構想力における反省を意味している。形式とは、構想力が対象について反省するところのものだが、その際に構想力は、この対象が、存在し、われわれに働きかける限りにおいて自ら引き起こす諸感覚の物質的要素に対立させるかたちで、この反省を行っている。かくしてカントは次のように問うことになる。ひとつの色、ひとつの音は、それ自体で美しいと言われうるのか？　おそらくは、仮にわれわれが、そうした色や音がわれわれの感覚にもたらす質的な効果を把握するのではなくて、構想力によって、それらを構成している振動を反省することができたなら、それらはそれ自体で美しいと言うことができただろう。しかし、色も音も、そのようにして構想力の中で反省されるには、あまりにも物質的で、あまりにも深くわれわれの感覚にはまり込んでいる。つまり、それらは美の要素というよりは、むしろその補助物である。本質的であるのは、デッサンであり、構図であって、それらこそが、まさしく形式的反省が表れたものであるのだ(3)。

反省された形式の表象は、美的判断において、美の高次の快の原因となるものである。すると、われわれは、感情能力の高次の状態が、二つの逆説的な、互いに密接に結びついた特徴を呈していることを確認せねばならない。一方で、他の諸能力の場合に起こっていたこととは反対に、ここでは、高次の形態は、いかなる理性の関心をも明示していない。つまり、美的な快は、思弁的関心からも、実践的関心からも、同じように独立しており、それ自身、完全に無関心なものとして定義される。他方、高次の形態のもとでの感情能力は立法行為を行わない。いかなる立法行為も、立法行為が行使される対象、その立法行為に従う対象があることを予想しているが、美的判断は、常に個別的で、「このバラは美しい」といった型のものだからだ（「バラというものは一般に美しい」という命題は、論理的比較と論理的判断とを含んでいる[4]）。だが、それだけではない。美的判断は、とりわけ、自らの特異的な対象に対してさえも、立法行為を行っているわけではないのだ。なぜなら、美的判断はこの対象の存在には全く無頓着だからである。カントは、それゆえ、高次の形態における感情能力については、「自律」という語の使用を拒否している。対象に対して立法行為を行うことが出来ないのであるから、判断力は自己立法的でしかありえない。すなわち、自分自身に対して立法行為を行うことしかできない[5]。感情能力には、領域というものがない（つまり現象も物自体もない）。というのも、この能力は、ある種の対象が従わねばならない諸条件ではなく、諸能力の行使のための主観的諸条件のみを表現しているからである。

美的共通感覚

「これは美しい」と言うとき、われわれは単に「これは好ましい」と言っているのではない。われわれはある種の客観性、ある種の必然性、ある種の普遍性を当然のものとして要求しているのである。〔1〕だが、美的対象の純粋な表象は個別的である。つまり、美的判断の客観性は概念を欠いている。あるいは（同じことだが）、その必然性と普遍性は主観的である。一定の概念（幾何学図形、生物学上の種、合理的な観念）が介入するたびごとに、美は自由であることを止め、同時に、美的判断も純粋であることを止める。(6)〔2〕感情能力は、その高次の形態においては、思弁的関心にも、実践的関心にも依存することはできない。それゆえに、美的判断において普遍的で必然的なものとして呈示されるものは、ただ快に過ぎないのである。われわれは、自分たちの感じる快が、権利上、伝達可能で、万人に妥当なものであると仮定し、だれもがそれを感じるはずだと推測する。この推測、この仮定は、「要請」ですらない。なぜなら、それらはあらゆる規定された概念を排除しているからである。

しかし、このように仮定することも、悟性が何らかの仕方で介入しなかったなら、不可能であった。われわれは構想力の役割がいかなるものであるのかを既に見た。[3] 構想力は形式の観点から単独の対象を反省する。その際、構想力は、規定された悟性概念ではなく、諸概念一般の能力としての悟性そのものに関係している。つまり、構想力は、悟性の無規定な概念に関係する。言い換えれば、構想力は自らの純粋な自由において悟性と一致するのだが、その際に悟性は、特にその内容を特定されていない合法則性の中にある。場合によっては、次のようにいってもよい。構想力は、ここで、「概念なしで図式化している」、と。[7] しかし、図式化作用とは、常に、もはや自由ではない構想力、悟性概念に即して働くよう規定された構想力の行為である。ということは、実のところ、構想力はここで図式化とは別のことを行っているのである。構想力は、対象の形式を反省することで自らの最も深い自由を表し、「形象の観察において、いわば、戯れている」のであり、「可能的直観の恣意的な諸形態の原因としての」産出的で自発的な構想力になるのである。[8] これがつまり、自由なものとしての構想力と、無規定なものとしての悟性との一致である。これが、諸能力間の、それ自身で自由で無規定な一致である。この一致について、それは本来的な意味で美的な共通感覚（趣味）を明示するものであると言わねばならない〔4〕。実際、われわれが、伝達可能で、万人に妥当なものであると想定している快は、この一致の結果以外の何ものでもない。構想力と悟性の自由な戯れは、一定の概念のもとでは起こることではないので、知的に認識されることはなく、ただ感じられるだけである(9)。したがって、「感情の伝達可能性」(概念の媒介を経ないそれ)というわれわれの仮定は、諸能力の主観的一致という理念に基づいているのだが、但しそれも、この一致そのものがひとつの共通感覚を形づくっている限りにおいてのことである(10)。

美的共通感覚は、先行する二つの共通感覚を補うものだと考える人もいるかもしれない。論理的な共通感覚と、道徳的な共通感覚の場合では、ある時は悟性が、ある時は理性が、立法行為を行い、他の能力の機能を規定している。ここではその役を引き受けるのは構想力なのだ、と。だが、事態はそのようではありえない。感情能力は対象に対して立法行為を行うのではない。したがって、感情能力の中には、立法的な能力(この語の第二の意味におけるそれ〔5〕)は存在しない。美的共通感覚が、諸能力の客観的一致を表象することはない(言い換えれば、支配的能力への対象の従属、かかる対象に関して他の能力が果たすべき役割を同時に規定するような能力への対象の従属を表象することはない)。それは、構想力と悟性がそれぞれ自分のために自発的に働く際の純粋な主観的調和を表象する。したがって、美的共通感覚は他の二つの共通感覚を補うのではない。むしろそれはこれらを基礎付ける、あるいは、可能にするのである。仮にすべての能力の間で最初からこの自由な主観的調和が可能でなかったなら、どれかひとつの能力が立法的で規定的な能力を担うこともなかっただろう。[6]

だが、するとわれわれは、とりわけ困難な問題の前に立たされることとなる。われわれは、美的快の普遍性と高次の感情の伝達可能性を、諸能力の自由な一致によって説明している。しかし、この自由な一致を推定し、ア・プリオリに仮定するだけで十分なのだろうか？ それはむしろ、われわれの中で産出されるべきものなのではないか？ 言い換えれば、美的共通感覚は、発生の対象であるべきではないか、本来的な意味で超越論的な発生の対象であるべきではないのか？ この問題は、判断力批判の第一部において支配的な地位を占めている。その解決そのものが、複数の複雑な契機を含んでいる。

崇高における諸能力の関係

われわれが「これは美しい」という型の美的判断に留まっている限りは、理性はいかなる役割をも果たさぬように思われる。そこに介入してくるのは、悟性と構想力だけだからである。その上、快の高次形態はそこに見いだされるものの、不快の高次形態は見いだされない。だが、「これは美しい」という判断は、美的判断の一つの型に過ぎない。〔対し〕〈崇高〉においては、構想力が、形式の反省とは全く別の活動に身を委ねる[7]。崇高の感情が経験されるのは、無定形なものないしは奇異な形態のもの〈広大さもしくは威力〉を前にした時である。ならば、すべてはあたかも、構想力が己自身の限界に直面し、その極大へと向かうように強いられ、その力の果てる点までこれを引っ張っていく暴力に堪え忍んでいるかのごとくに進行していることになる。確かに、把捉する〔*appréhender*〕こと〈諸部分の漸次的把捉〉が問題になっている限りでは、構想力は限界をもたない。だが、構想力が、後続の部分に到達するにつれて、先行する部分を再生産しなければならない限りでは、それには、やはり、同時的総括〔*compréhension*〕の極大という限界がある。広大なものを前にして、構想力は、この極大が不十分であることを体験する。「構想力は、それを大きくしようとしつつも、自分自身のうちへ後戻りする」[11]。一見したところ、われわれは、われわれの構想力を無力へと追いやるこの広大さを、自然対象に、すなわち、〈感性的自然〉に帰しているように思われる。だが、実のところ、感性界の広大さをひとつの全体にまとめ上げることをわれわれに強いるのは、理性以外の何ものでもない。この全体は感性的なものの〈理念〉であるが、そうであるのは、感性的なものが、その基体になるものとして、叡智的ないし超感性的な何かを有している限りにおいてのことである。それゆえ、構想力を駆り立てて、その力の限界へと推し進めるもの、構想力の全能力は〈理念〉に比すれば何ものでもないことを認めるよう強いるもの、それは理性に他ならないということを構想力は学ぶのである。

〈崇高〉は、したがって、われわれを、構想力と理性との直接の主観的関係に直面させる。だが、この関係は、まずは一致というよりも不一致であり、理性の要求と構想力の能力との間で体験される矛盾である。構想力がその自由を失い、崇高の感情が快であるよりはむしろ不快であるように思われるのはそのためである。だが、この不一致の根底に、一致が姿を現す。不快が快を可能にするからである。構想力が、自らをあらゆる方面において超える何かによって、自らの限界に直面させられる時、それは自分自身で自らの限界を超え出る。それは確かに、否定的な仕方によってである。つまり、理性的な〈理念〉への近づきがたさを思い描くとともに、この近づきがたさそのものを、感性的自然の中に現前する何かとすることによってである。「構想力は、感性的なものの外では自らの支えとするものも何も見いだすことができないのだが、にもかかわらず、自らの限界の消失のおかげで、自らを無制限のものと感じる。この分離作用は無限なものの呈示である。この呈示は、上の理由から否定的な呈示でしかありえないが、にもかかわらずそれは、魂を拡大するものなのである[12]」。構想力と理性の不調和な一致とはこのようなものである。理性だけが「超感性的な目的地」を持つのではない。構想力もまたそれをもつ。この一致においては、魂はあらゆる能力の無規定な超感性的統一性として感じられている。ほかならぬわれわれ自身が、超感性的なものにおける「集中点」としてのひとつの焦点へと関係付けられている。

　すると、構想力と理性の一致は単に想定されているわけではないことが分かる。それはまさに、生み出される。不一致の中で生み出されるのである。そういうわけで、崇高の感情に対応する共通感覚は、その発生の運動としての「文化（＝陶冶）」から切り離せないのである[13]。われわれが自分たちの向かう先についての本質的なものを知るのは、この発生においてである。実際、理性の諸〈理念〉は、思弁的には無規定で、実践的に規定されている。このことがすでに、広大なものを示す〈数学的崇高〉と、威力を示す〈力学的崇高〉との間の差異の原理なのだ（前者は認識能力の観点から、後者は欲求能力の観点から、理性を動かす）[14]。したがって、力学的崇高においては、われわれの諸能力の超感性的な目的地は、道徳的存在に予定されたものとして現れることになる。崇高の感覚は、それがより高い合目的性を準備し、われわれ自身に道徳法則の到来へと備えさせるという仕方で、われわれの中に生み出される。

発生の観点

困難なのは、美の感覚に関しても上と類似した発生の原理を見いだすことである。というのも、崇高においては、すべては主観的であり、諸能力の主観的な関係しかないからだ。崇高は投影によってのみ自然へと関係付けられ、この投影は、自然の中にある無定形なものや奇異な形態のものに対して行われる。美においても、われわれは主観的な一致の前に立つ。だが、この主観的な一致は、客観的な諸形態をきっかけとして起こるものであり、したがって、崇高の場合には提起されることのなかった演繹の問題が、美に関しては提起されるのである[15]。だが、崇高の分析は、われわれに手がかりを与えてくれた。というのも、それはわれわれに、単に推定されるのではなくて、生み出されるものとしての共通感覚を呈示していたからだ。しかし、美の感覚の発生は、客観的な射程をもった原則を要求してくるので、より困難な問題を提示するのである。(16)〔8〕

美的な快は、何らかの対象の存在に関わるものではないのだから、完全に無関心であるということをわれわれは知っている。美とは、理性の何らかの関心の対象ではない。だがそうだとしても、美が何らかの理性的関心へと総合的に結びつけられる可能性は残っている。そうした事態が成立したと想定してみよう。この場合、美の快が無関心であることをやめるわけではないが、しかし、それと結びつけられた関心が、この快の「伝達可能性」ないし普遍性の発生のための原理として役立つことは可能である。また、美が無関心であることをやめるわけではないが、しかし、それと総合的に結びつけられた関心が、共通感覚としての美の感覚の発生のための規則として役立つことは可能である。

カントのテーゼがそのようなものであるのなら、われわれは、美と結びつけられた関心がいかなるものであるのかを探し出さねばならない。まずは、美的対象と結びつけられることが極めて多く、一種の趣味や快の伝達可能性を生み出すことができる、経験的な社会的関心が思い起こされるだろう。だが、美がそのような関心に結びつけられるのはア・ポステリオリにであって、ア・プリオリにでないことは明らかだ。(17)ただ理性の関心だけが、先の諸要求に答えることができる。だが、ここで、理性的な関心はいったい何をもとにして成立しうるのだろうか？　それは美それ自体に向かうことはできない。それは、美的形態、言い換えれば、構想力の中で反省されることのできる諸形態を産出するという、自然が持つ資質のみに向かう（そして、実際にそうした諸形態が反省されるには、人間の目が届くことがあまりにも稀であるような場所、たとえば海底のようなところでさえ、自然はこの資質を呈している）(18)。美へと結びつけられた関心は、したがって、美的形態そのものへと向かうのではなく、形式的に反省されうる諸対象を産出するために自然によって用いられた素材〔*matière*〕へと向かう。カントが、色や音はそれ自体としては美しいわけではないと最初に述べてから、続いて、それらは「美の関心」の対象であると付け加えていることに、われわれが驚くことはなかろう(19)。その上、美の自然的形成に介入してくる最初の素材が何であるのかを調べてみれば、われわれには、問題となるのは流動的物質（物質の最も古い状態）であること、その一部分が切り離されたり、蒸発したりし、残りの部分が突如固体になる（結晶体の形成を参照）流動的物質であることが分かる(20)。すなわち、美的なものへの関心は、美ないし美の感覚の構成要素なのではなくて、自然における美の産出に関わるものであり、そのようなものとして、美そのものの感覚の発生のための原理としてわれわれのうちで役立ちうるのである。

問題のすべては、この関心がいかなる種類のものかということである。ここまでのところ、われわれは理性の諸々の関心を、ひとつの高次の能力に必然的に従属する対象の種類によって定義してきた。だが、感情能力に従属するような対象は存在しない。感情能力の高次形態は、われわれの諸々の能動的能力の主観的で自発的な調和を指し示すのみであり、これらの能力のどれひとつとして対象に対して立法行為を行わない。美的形態を産出する自然の物質的資質を考察する際も、われわれはそこから、この自然が必然的にわれわれの諸能力のひとつに従属するとは結論できず、ただ、われわれの諸能力の全体と自然とが偶然に一致していることを結論しうるのみである[21]。そればかりではない。〈自然〉が美を産出する場合、〈自然〉の目的を探求しても無駄である。流動的物質の沈殿は、純粋に機械的な仕方で説明されるからである。それゆえ、自然の資質は、目的なき力として、われわれの諸能力の調和のとれた行使に、たまたま適合するものとして現れるのである[22]。このような能力の行使によって得られる快は、それ自体、関心を欠くものである。だが、だとしても、われわれが、自然の産出活動と、われわれの無関心な快との偶然的な一致に対して、理性的な関心を感じるということには変わりない[23]。このようなものが理性の第三の関心の他ならない。この関心は、必然的な従属によってではなく、われわれの諸能力に対する〈自然〉の偶然的な一致によって定義される。

自然における象徴作用

美の感覚の発生は、どのようにして現れるのだろうか？　自然の自由な素材、たとえば色や音といったものは、単に、一定の悟性概念に関係するだけではないように思われる。それらは、悟性をはみ出し、概念の中に含まれているものよりもはるかに多くのことを「考えさせる」。たとえばわれわれは、色を、それに直接適用される悟性概念へと結びつけるだけではなく、全く別の概念へと関係付ける。この概念はそれ自体としては直観対象をもたないのだが、直観対象との類比によって自らの対象を措定するために、悟性概念に似たものとなる。この別の概念とは、理性の〈理念〉のひとつであり、これがこの悟性概念に似ているのは、ただ反省の観点から見た場合のことに過ぎない。かくして、白いユリは、単に色と花という概念に関係付けられるだけではなく、純粋な無垢という〈理念〉を喚起する。この〈理念〉の対象は、ユリという花の白さの〈反省的な）相似物でしかない(24)。諸々の〈理念〉が、自然の自由な素材の中で間接的に呈示される対象であるというのはこういうことである。この間接的な呈示は、象徴作用〔*symbolisme*〕と呼ばれ、美への関心をその規則としている。

ここから二つの帰結が生ずる。つまり、一方で悟性自体は、自らの諸概念が無制限に拡大していくのを目の当たりにし、他方で構想力が、図式機能においてはまだ服従していた悟性の拘束力から解放され、自由に形態を反省することができるようになる。したがって、自由なものとしての構想力と、無規定なものとしての悟性の一致は、もはや単に想定されるのではない。それはいわば、美への関心によって突き動かされ、活気づけられ、産出される。感性的自然の自由な素材が、理性の諸〈理念〉を象徴するのである。かくして、これらの素材は、悟性が自らを拡大するのを可能にし、構想力が自らを解放するのを可能にする。美への関心は、われわれのあらゆる能力の超感性的統一を、「超感性的なものにおける集中点」として示す。後者は、これら諸能力の自由で形式的な一致ないしは主観的な調和の源泉である。

あらゆる能力の無規定で超感性的な統一、そしてそこに由来する自由な一致は、魂において最も奥深いものである。実際、諸能力の一致が、それら諸能力のうちのひとつ

（思弁的関心の場合は悟性、実践的関心の場合は理性）によって規定される場合でも、われわれは、諸能力がまず第一に（美的なものへの関心にしたがって）自由な調和をなしうると仮定している。この調和なしでは、以上の規定のどれひとつとして可能ではなかろう。だが、他方で、諸能力の自由な一致は、この時点で既に、実践的関心ないしは道徳領域において規定的な役割を演ずることを約束されたものとして、理性を登場させていなければならない。われわれのあらゆる能力の超感性的な目的地が、道徳的存在というあらかじめ予定された目的地であるということ、あるいは、諸能力の無規定な統一としての超感性的なものの理念が、理性（自由の諸目的の原理としてのそれ）によって実践的に規定されるような超感性的なものの理念を用意するということ、あるいは、美的なものへの関心には、道徳的であろうとする性向が含まれているということ、これらは以上の意味において言えることなのである[25]。カントが述べている通り、美それ自体が、善の象徴である（その意味するところは、美の感覚は善についての混乱した知覚ではないが、善と美との間に分析的関係が存在するわけではない、しかし、にもかかわらず、そこにはひとつの総合的関係があって、それによって、美への関心は、われわれを道徳的であることへと向かわせ、道徳性へと運命付けるということである[26]）。かくして、諸能力の無規定な統一と自由な一致は、魂における最も深いものを構成するのみならず、最も高いものの到来、すなわち、欲求能力の優位を準備し、認識能力からこの欲求能力への移行を可能にするのである。

芸術における象徴作用、あるいは天才

以上述べたこと（美への関心、美の感覚の発生、美と善の関係）はすべて、自然美に関わるものでしかない。実際、ここではすべてが、自然が美を産出したという考えに依拠している(27)。芸術における美が善と何の関係もないように思われ、芸術における美の感覚が、われわれを道徳性へと向かわせる原理から出発するのでは生み出されえないように思われるのは、そのような次第による。ここからカントの次の言葉が出てくるのである。自然美へと赴くために美術館を後にするものは尊敬されるべきである…〔9〕。

但しこれは、芸術もまたそれなりの仕方で、自然の提供する素材と規則に依存するということが明らかになっていない限りにおいての話である。しかし、ここで自然が働きをなすためには、主体が生まれつきもっているある資質に頼らなければならない。天才

とは、まさしくこの生まれつきの資質に他ならず、自然はこの資質を通じて、芸術に総合的な規則と豊かな素材を与えるのである。カントは天才を、〈美的理念〉の能力と定義している。[28] 一見したところ、〈美的理念〉は〈理性的理念〉の反対物と思われる。〈理性的理念〉は、いかなる直観も適合できないような概念であり、〈美的理念〉は、いかなる概念も適合できないような直観である。だが、このような正反対の関係だけで、〈美的理念〉を描き出すに十分かどうかが問われるべきだろう。〈理性の理念〉は経験を超え出る。それは、自然の中にそれに対応する対象（例えば、不可視の存在など）がないからでもあるし、この理念は自然の単なる一現象を精神の上での出来事（死、愛…）にしてしまうからでもある。〈理性の理念〉は、それゆえ、表現不可能な何かを含んでいる。だが、〈美的理念〉は、あらゆる概念を超え出る。それは、この理念が、われわれに与えられているのとは別の自然についての直観を創造するからである。この別の自然とは、それに属する現象が真の精神的な出来事であり、それに属する精神上の出来事が直接で自然な規定である、そのような自然である。[29] この自然は「考えさせる」。考えることを強いる。〈美的理念〉とはまさしく、〈理性的理念〉と同じものであるのだ。それは、〈理性的理念〉の中にある表現不可能なものを表現するのである。〈美的理念〉が

「二次的」な表象、第二の表現として現れるのはそのためである。まさにそのことによって、〈美的理念〉は象徴作用とも極めて近い（天才もまた、悟性の拡大と構想力の解放によって作用する）[30]。だが、〈美的理念〉は、自然の中に〈理念〉を間接的に呈示するのではなく、それを二次的に、想像力による別の自然の創造の中で表現するのである。

天才とは趣味ではなく、趣味に魂ないし素材を与えることによって、芸術における趣味を活気付けるものである。趣味の観点からすると完全だが、魂を欠いている、すなわち、天才を欠いている作品というものがある[31]。それはつまり、趣味それ自体は、自由な構想力と拡大された悟性との形式的一致に過ぎないということである。趣味は、より高次の審級を、すなわち、まさしく悟性を拡大し、構想力を解放する能力をもった素材を参照しなければ、活気を欠いた、死んだも同前のもの、単に想定されるものに留まる。芸術における構想力と悟性との一致は、天才によってのみ活気付けられるのであって、天才なしでは、伝達不可能なままである。天才とは、別の天才へと投げかけられる呼びかけである。だが、二つの天才の間では趣味が一種の媒介となる[32]。別の天才が未だ生まれていない時も、これを待つことを可能にするのは趣味である。天才は、あらゆる能力の超感性的統一を表現し、しかもそれを生き生きとしたものとして表現する。ゆえに、自然美についての諸々の結論が芸術美へと拡大されうるのだとすれば、そのための規則を提供するのが天才である。したがって、善の象徴となるのは、自然美だけではない。天才それ自体の総合的で発生的な規則のもとでは、芸術美もそれとなりうる。[33]したがって、カントは、趣味の形式的美学に、質料的なメタ‐美学を付け加えていることになる。後者は、美に対する関心と天才が、その主要な二つの項目をなしており、カントのロマン主義を証し立てるものでもある。とりわけ、カントは、線と構図の、すなわち、形態の美学に、色や音といった素材〔質料〕のメタ‐美学を付け加えている。〈判断力批判〉においては、完成された古典主義と、現れたばかりのロマン主義とが複雑な均衡を保っている。

カントによると、〈理性の理念〉が感性的自然において呈示されるようになるには、様々な仕方があるわけだが、そうした様々な仕方を混同してはならない。崇高の場合、その呈示は直接に行われるが、否定的でもあり、投影を通じて行われる。天才や芸術的象徴作用の場合には、呈示は積極的に行われるが、しかし二次的であって、別の自然の創造を通じて行われる。われわれは後に、〈理念〉が、諸目的の体系として考えられた自然の中で、四つ目の呈示の仕方を受けいれること、しかもこの呈示の仕方は最も完璧であることを見ることになる。

判断力はひとつの能力であるか？

判断力は常に複雑な作用であり、特殊なものを一般のうちに包摂することをその本質とする。判断力のある人とは、常に、鑑定家、医者、法律家といった、専門的技能を身につけた人〔homme de l'art〕のことである。判断力には、真の天賦の才、物事を嗅ぎ分ける力が含まれている(34)。カントは、判断力の問題を、この能力の技術性あるいはそれに固有の独創性の水準において提起することができた最初の人である。よく知られた文章の中で、カントは、二つの場合を区別している。まず、一般的なものが既に与えられ、知られており、それを適用すれば、すなわち、この一般的なものが適用される個別的なものを規定しさえすれば十分である場合（「理性の必然的使用」、「規定的判断力」）。次に、一般的なものが問題になっており、それ自体が発見されねばならない場合（「理性の仮言的使用」、「反省的判断力」）(35)〔10〕。しかしながら、この区別は、その外見よりもはるかに複雑であり、その意味するところを踏まえるのはもちろんのこと、それに対して用いられる例をも踏まえて、解釈されなければならない。〔これを解釈するにあたっての〕最初の誤りは、反省的判断力だけが何ごとかを創出すると考えることだろう。一般的なものが与えられている時でさえ、〔個別的なものを一般的なものに含ませる〕包摂には、「判断力」が必要である。確かに、超越論的論理は、形式的な論理からは区別される。超越論的論理は、与えられた概念が適用される際の条件を示す諸々の規則をそのうちに含んでいるからである。(36) しかし、これらの規則が概念それ自体に還元されてしまうことはない。ひとつの悟性概念を適用するためには、図式が必要であり、この図式は、個別的な事例が概念に包摂される際の条件を指示することのできる構想力の創造的行為であるからだ。だから、図式機能はそれだけでひとつの技能〔art〕であり、図式とは「法則のもとに収まる事例」についての図式なのである。したがって、悟性が自分自身で判断を下すと考えるのは誤りである。悟性は自らの概念を使って判断を下す以外のことはできないが、悟性概念がこのように使用される場合には、構想力がもつ独自の行為はもちろん、理性がもつ独自の行為もそこに伴っているのである(『純粋理性批判』の中で、規定的判断力の行使が、ある種の理性の行使として現れるのはそのためである)。カントが判断力について、ひとつの能力としてこれを語るのは、いつでも、判断力の行う行為の独創性、判断力が生み出すものの特殊性を強調するためなのである。しかし、判断力には、常に複数の能力が含まれており、それは、これら諸能力の間での一致を表現している。判断力が規定的と言われるのは、それ自身で規定的なひとつの能力のもとで起こる諸能力の一致を、判断力が表現する場合、すなわち、前もって立法的なものとされた一能力に一致する仕方で、判断力が対象を規定する場合である。たとえば、理論的判断力は、諸能力の一致を表現しているが、この一致は、ある対象を立法者たる悟性に一致する仕方で規定している。同じく、実践的判断というものもあって、これは、ある可能な行動が道徳法則に従うかどうかを規定する判断である。それは、理性の主宰のもとで、悟性と理性との一致を表現する。理論的判断においては、構想力が悟性概念に一致する仕方で図式を提供する。実践的判断においては、悟性が、理性の法則に一致する仕方で、範型を提供する。判断力がある対象を規定すると言っても、諸能力の一致が規定されていると言っても、諸能力のうちのひとつが規定的ないし立法的な機能を発揮するといっても、すべて同じことである。

したがって、「規定的判断力」と「反省的判断力」という判断力の二つの型に対応する例を定めることが重要である。腸チフスがどのようなものであるか（つまりその概念）は知っているが、それを個別の一症例の中で見定めたこと（つまり判断ないし診断）はない医者がいるとしよう。われわれは、診断（そこには天賦の才能と技能が含まれている）の中に、規定的判断力の例を見てしまいがちである。というのも、概念は既知のものと仮定されているからだ。しかし、与えられた個別の一症例に関しては、概念そのものは与えられていないのである。つまり、概念は蓋然的であるか、あるいは完全に無規定であるのだ。事実、診断は反省的判断力の一例である。医学の中で規定的判断力の例を探し出そうとするなら、われわれはむしろ、治療についての決定のことを考えるべきである。そこでは、個別の一症例に関して概念が実際に与えられており、困難はそれを適用することである（患者によっては行ってはならない治療等々があるからだ）。反省的判断力にも同様の技能と創出行為があるが、しかし、この技能の配分のされ方が異なっている。規定的判断力においては、技能はいわば「隠されている」。対し、概念の方は、悟性概念にせよ、理性の法則にせよ、与えられている。つまり、ひとつの立法的能力があって、それが、他の諸能力がそれぞれの独創的な仕方で寄与するところを指導し、あるいは規定している。だから、この寄与の価値を評価するのは難しい。しかし、反省的判断力においては、能動的諸能力の観点からみれば、何ものも与えられていない。ただ、生のままの素材が呈示されているだけであり、しかも厳密に言えば、それは「表象されて」もいない。したがって、能動的な諸能力はすべて、この生のままの素材に対して自由に行使されるのである。反省的判断力は、すべての能力の間での自由で無規定な一致を表現することになる。技能は、規定的判断力においては隠され、いわば従属したままであったわけだが、それは、反省的判断力においては顕在化し、自由に行使されるようになる。確かに、われわれは「反省」によって、既に存在している概念を発見することはできる。しかし、反省的判断力は、自らが自由に反省する事物のための概念が全く存在しなければ、あるいは、概念が（何らかの仕方で）拡大し、無制限、無規定になれば、それだけ純粋なのである。

　実のところ、規定的判断力と反省的判断力は、同じひとつの類に属する二つの種といったものではない。反省的判断力は、規定的判断力においては隠されたままである基底を顕在化させ、解放させる。だが、規定的判断力の方も、それが判断力であったのは、この生き生きとした基底のおかげによってでしかなかったのである。そうでなかったら、『判断力批判』が、反省的判断力しか扱っていないにも関わらず、そのようなタイトルを与えられていることが理解できない。ひとつの規定的で立法的な能力のもとで起こる諸能力の規定された一致が、ことごとく、自由で無規定な一致の存在と可能性を想定しているということである。判断力が独創的である(このことは、規定的判断力の場合にも既に当てはまる)のも、その独創性の原則が顕在化されるのも、この自由な一致においてである。この原則によれば、われわれの諸能力はその本性において異なっているが、にも関わらず、自由に自発的に一致をなすのであり、続いてこの一致によって、それらの能力が、理性の諸関心の一法則に従い、諸能力のうちのひとつの主宰のもとで行使されることが可能になる。判断力はいかなる時でも、何ものにも還元できないし、独創的であるのだ。判断力が「ひとつの」能力(天賦の才ないし特殊な技能)と言われるのはそのためである。それがただひとつの能力において成り立つことはない。それは諸能力の一致において成立する。この一致は、立法的役割を果たす、諸能力の中のひとつによって既に規定されている一致でもあるだろうし、より深くは、無規定で自由な一致であることもある。この後者こそは、「判断力批判」一般の最後の対象をなすものである。

認識能力がその高次の形態において捉えられる時は、悟性がこの能力の中で立法行為を行う。欲求能力がその高次の形態において捉えられる時は、理性がこの能力の中で立法行為を行う。感情能力がその高次の形態において捉えられる時、この能力において立法行為を行うのは判断力である。[37] とはいえ、この場合も、他の二つとは非常に異なっている。美的判断力は反省的だからである。つまり、それは対象に対してではなく、ただ自己自身に対してのみ立法するのであり、何らかの規定的能力のもとでの対象の規定ではなく、反省された対象に関するあらゆる能力の自由な一致を表現している。——そこでわれわれは次のように問わねばならない。別のタイプの反省的判断力はないのか、あるいは、主観的諸能力の自由な一致が、美的判断力におけるとは別の仕方で顕れることはないのか、と。

理性は、その思弁的関心の中では、単に統制的な意味のみをもつ諸〈理念〉を形成することをわれわれは知っている。[11] これはつまり、諸〈理念〉が、認識の観点から言うならば、規定された対象を持たないということ、悟性の諸概念に最大限の体系的統一を付与するということである。だが、そうだとしても、諸〈理念〉には、「無規定」ではあるけれども客観的な価値がある。というのも、諸〈理念〉が諸概念に体系的統一を付与する際には、その内容ないし特殊性において考察された諸現象にも、それと似た統一を貸与せざるをえないからである。この統一は、諸現象に内在するものと認められるならば、諸事物にとってひとつの合目的的統一である（それは、可能な限り大きな多様性における最大限の統一であり、この統一がどこまで進むのかは分からないほどである）。この合目的的統一は、自然目的の概念に従うことではじめて考えられるものである。実際、多様なものの統一は、この統一に関係付けられる諸対象に応じて、この多様性と一定の目的との関係を要求する。この自然目的の概念においては、統一は、個別の経験的諸法則の多様性と両立しうるものとして推定ないし仮定されているに過ぎない(38)。したがって、この統一は、理性を立法者とするような働きを表現するものではない。悟性は諸現象に対して立法行為を行うが、それはただ、諸現象が、その直観の形式において考察されている限りにおいてのことである。したがって、悟性の立法的諸作用（カテゴリー）は、一般的な諸法則を構成し、可能な経験の対象としての自然に対して働きかける

（あらゆる変化には原因がある等々）。だが、悟性は、諸現象の内容や、現実の経験の詳細、あるいは、何らかの対象の個別の法則を、ア・プリオリに規定することは絶対にない。対象についての個別の法則というのは、経験的にしか知られえないのであって、われわれの悟性にとっては、どこまでも偶然的なものなのである。

どんな法則も必然性を伴っている。だが、経験的諸法則の統一は、それら諸法則の個別性という観点からすれば、次のような統一として考えられるべきだろう。すなわち、われわれのとは別のひとつの悟性だけが必然的な仕方で諸現象に与えることができるような、そのような統一である。「目的」とは、結果として出てくるものについての表象として、しかも、〔その結果をもたらすような〕動機ないしは原因の基礎としての結果の表象として定義される。諸現象の合目的的統一は、この統一にとって原理や基体として役立ちうる悟性へとわれわれを差し向けるのだが、この悟性においては、全体の表象が結果としての全体そのものの原因であるようになっている（これを、叡智的かつ、志向性をもった最上の原因として定義される、直観的な原型的悟性と言う）。だが、このような悟性が現実に存在しているとか、諸現象は実際にこのようにして産出されるとか、そのように考えるのは誤りである。原型的悟性は、われわれの悟性に固有のひとつの性格を表現している。つまり、われわれ自身では個別的なものを規定できないというわれわれの無力、最上の原因という志向的な因果性とは別の原理にしたがって諸現象の合目的的統一を考えることができないというわれわれの無力を表現しているのである。[39]カントが無限の悟性という独断論的観念に、深い変容を被らせているのは、この意味においてである。すなわち、原型的悟性は、われわれの悟性に固有の限界、つまり、われわれの思弁的関心そのものの中では、そして、諸現象に関しては、悟性が立法的であることをやめる地点、そうしたものを無限な仕方で表現しているに過ぎないからである。「私の認識諸能力の特有な性状にしたがえば、自然の可能性とその産出については、意図にしたがって作用する原因を思い浮かべる以外には、私は判断を下すことができない[40]」。

自然の合目的性は、したがって、二重の運動に結びついている。一方で、自然目的の、概念は、〈理性の諸理念〉に由来する（但し、この概念が諸現象の合目的的統一を表現する限りにおいてのことだが）。「この概念は、理性のみによって考えられうるような因果性のもとに自然を包括する[41]」。だが、だとしても、この概念は〈理性的概念〉と混同されるべきではない。というのも、この因果性に一致する結果というのは、実際に自然の中に与えられているからである。「この点で、自然目的の概念は、他のあらゆる理念から区別される」(42)。〈理性の概念〉とは異なり、自然目的の概念は、与えられた対象を有している。悟性概念とは異なり、この概念は、自らの対象を規定しない。実際この概念が介入するのは、構想力が、特に規定を受けていない仕方で対象に対して「反省」することを可能にするためであり、これによって悟性が、理性そのものの諸〈理念〉に一致する仕方で概念を獲得するようにするためである。自然目的の概念は、統制的な諸理念に由来する反省的概念である。この概念においてこそ、われわれのあらゆる能力は調和し、自由な一致の関係に入る。そしてこの概念のおかげで、われわれは〈自然〉について、その経験的諸法則の観点から考察することができる。それゆえ、目的論的判断力は、反省的判断力の第二の型である。

反対に、われわれが〈理性的理念〉の対象を規定するのは、自然目的の概念から出発することによってである。確かに、〈理念〉はそれ自体においては、一定の対象をもっているわけではない。だが、その対象は、経験の対象との類比によって規定されうるものである。ところで、このような間接的で類比的な規定（しかもそれは〈理念〉の統制的機能と完全に両立する）が可能であるのは、経験の諸対象それ自体がこの自然目的の統一を呈示する限りにおいてである。この統一に関して、〈理念〉の対象は、原理ないし基体として役立たねばならない。われわれに、神を、悟性のように振る舞い、意図をもった、最上の原因として規定するよう強いるのは、合目的的統一ないしは自然目的の概念である。この意味においてこそ、カントは、自然目的論から物理神学[12]へと移行する必要性を強く強調するのである。反対方向に進むのでは、道を誤ることになる。それでは、「逆転した理性[13]」を示すことになってしまう(その場合、〈理念〉は、統制的ではなくて構成的な役割を負うことになるだろうし、目的論的判断力も規定的なものとされてしまう)。われわれが、自然の中に、神の意図が反映された目的を見いだすことなどない。われわれは、反対に、はじめは自然の目的であるところの目的から出発し、そうした目的を理解するための条件として、神の意図が反映された原因の〈理念〉をそこに付け加えるのである。われわれは自然に対して、「暴力的、専制君主的に[14]」、目的を押しつけるのではない。反対にわれわれは、多様性の中で経験的に知られている自然目的の統一に反省を加えることで、類比によって規定された最上の原因という〈理念〉にまで達するのである。(43) ――これら二つの運動の総体が、〈理念〉の呈示の新しい様態、すなわち、われわれがここまでに分析してきた呈示の様態から区別される最後の様態を明示している。

二つの型の判断力、目的論的判断力と美的判断力の違いとは何か？　われわれは、美的判断力は、既にそれだけで、ひとつの真なる合目的性を顕在化させていると考えなければならない。だが、ここで問題になっているのは、あらゆる目的を（客観的なものも主観的なものも）排除する、主観的で形式的な合目的性である。この美的合目的性は、諸能力相互の自由な一致に基づいているのだから、主観的である[44]。確かに美的合目的性が関わり合うのは対象の形式である。だが、この形式は、ちょうど、構想力が対象自身について反省して得られるものなのである。したがって、客観的には、合目的性の純粋な主観的形式が問題になっているのであり、一定の物質的目的はことごとく排除されている（ある対象の美しさは、その対象の有用性とか、内的な完全性とか、任意の実践的関心との関係によって測られるものではない[45]）。これに対しては次のような反論が考えられる。つまり、既に見た通り、〈自然〉が介入するのは、美を産出しようとする物質的適性によってではないか、というものである。この意味では、われわれはもう、美に関して、われわれの諸能力と〈自然〉との偶然の一致について語らなければならないのである。この物質的資質は、われわれにとってすら、個別の「関心」の対象である。だが、この関心は、美それ自体の感覚の一部を成すものではない。もちろんこの関心は、この感覚が生み出される際の原理というものをわれわれに与えてくれるものではあるのだが。ここでは、したがって、〈自然〉とわれわれの能力との偶然の一致は、いわば、諸能力間の自由な一致にとって、外的なものに留まっている。自然はわれわれに、「われわれの主観的な諸能力の関係の内的な合目的性を捉える」外的な機会を与えるだけである(46)。〈自然〉の物質的適性が、自然目的を構成することはない（自然目的は、目的なき合目的性の観念に矛盾することになるから）。「われわれが自然を好意的に受けいれているのであって、自然がわれわれに好意を示しているのではない(47)」。

　これら様々な相のもとで、合目的性が「美的表象」の対象になる。ところで、われわれは、この表象の中で反省的判断力が、複数の仕方でいくつもの個別的原理に訴えかけることを知っている。この個別的原理としては、一方で、この判断力の基礎としての諸能力の自由な一致がある（形相因）。他方で、素材ないしは質料因としての感情能力があり、判断力が、上位の状態としての、ある個別的な快を明示するのは、この能力に関係してのことである。更には、目的因としての目的なき合目的性という形式がある。最後に、発生因〔*causa fiendi*〕としての美に対する特別な関心があり、権利上、美的判断力において表現される美の感覚が生み出されるのはこの発生因にしたがってのことである。

目的論的判断力を考察する際、われわれは合目的性の全く別の表象の前に立たされる。今度問題になるのは、諸目的を内包する、客観的で物質的な合目的性である。この場合、支配的であるのは、自然目的の概念の存在であり、それは、諸事物の合目的的統一を、それら事物の多様性に応じて、経験的に表現している。したがって、反省がその意味を変えることになる。もはや、対象に対する、概念なき形式的反省ではなく、対象の素材について反省を加えるという反省の概念が現れるのだ。この概念の中では、われわれの諸能力は、自由に、そして調和をもって行使される。だがここで、諸能力の自由な一致は、〈自然〉と諸能力そのものとの偶然の一致の中に含まれたものに留まっている。その結果、目的論的判断力においては、〈自然〉が本当にわれわれに好意を示しているのだと考えなければならない（そして、目的論から美学に戻って言えば、自然が美しい事物を産出していたのも、既に、自然のわれわれに対する好意であったのだと考えねばならない）[48]。二つの判断力の違いは次の点にある。目的論的判断力は、個別の諸原理に送り返されることはない（その使用ないし適用はその限りではない）。この判断力は、確かに、理性と構想力と悟性との一致を含んでいる。もっとも、悟性はここで立法行為を行うわけではないが。だが、立法行為を行うという自らの主張を悟性が放棄するこの地点こそは、完全に思弁的関心の一部をなすのであって、それは認識能力の領域に含まれたままなのである。自然目的が「論理的表象」の対象であるのはそのためである。確かに、目的論的判断力そのものの中にも反省の快が存在する。〈自然〉が認識能力に必然的に従属する限り、われわれが快を感じることはない。われわれが快を感じるのは、〈自然〉が偶然的にわれわれの主観的諸能力と一致する限りにおいてのことである。だが、ここでもなお、この目的論的快は、認識と一体になっている。この快は、それ自体として考えられた感情能力の高次の状態ではなく、むしろ、認識能力が感情能力に与える効果を明示するものである。[49]

目的論的判断力が個別のア・プリオリな原理に送り返されないということは、簡単に説明がつく。これは、この判断力が美的判断力によって用意されるということ、そのようにして用意されない限り、理解不能なままに留まるということである。[50] 合目的性の原則に付け加わり、それを補足し、またこれを自然へと適用する目的の概念を形成するよう、われわれに「準備」させるのは、形式的な美的判断力である。反省の概念を形成するよう、われわれに準備させるのは、概念なき反省なのである。多分、目的論的な共通感覚については、発生の問題は存在しない。この共通感覚は、思弁的関心の中で容認もしくは想定されており、論理的共通感覚の一部を成しているのだが、美的共通感覚によって、いわば、誘引されるのである。

反省的判断力の二つの形態に対応する理性の関心について考えてみるなら、われわれは、「準備」という主題を再び見いだすことになる。但し今度は別の意味においてである。美学は、諸能力の自由な一致を顕在化し、この一致は、ある種の仕方で、美に対する特別な関心と結びつく。ところが、この関心は、われわれを道徳的存在へと運命付けており、したがって、道徳法則ないしは純粋な実践的関心の優位の到来を準備する。目的論の方は、諸能力の自由な一致を顕在化させるが、但し今度は、思弁的な関心それ自体においてである。つまり、立法者としての悟性によって規定されるような、諸能力の関係のもとで、われわれは、すべての能力の間に起こる自由な調和を発見する。そして認識はそこから、ひとつの固有の生というものを引き出す(既に見たとおり、認識それ自体の中で、規定的判断力は、「反省」だけに明らかにされるひとつの生き生きとした基底というものを含んでいるのだった)〔15〕。したがって、反省的判断力一般は、認識能力から欲求能力への移行を、つまり思弁的関心から実践的関心への移行を可能にし、前者の後者に対する従属を準備し、それと同時に、合目的性は、自然から自由への移行を可能にする、ないしは、自然における自由の実現を準備する。(51)

結論　理性の諸目的

諸能力の理説

三つの〈批判〉は、諸要素を相互に交換できるひとつの真なる置換体系を呈している。〔1〕第一に、諸能力は、表象一般の諸関係にしたがって定義されている（認識、欲求、感情）。第二に、表象の源泉として定義されている（構想力、悟性、理性）。われわれがどれかひとつの能力を第一の意味において考察するのに対応して、第二の意味における一つの能力が諸対象に対して立法行為を行い、他の諸能力に対し、それら諸能力に特有の課題を割り当てるよう求められることになる。たとえば、認識能力においては悟性が、欲求能力においては理性が、そのような役割を引き受ける。確かに、判断力批判においては、構想力が立法的機能を引き受けることはない。だが、構想力は自らを解放し、その結果、あらゆる能力が一緒に、ひとつの自由な一致をなすのである。最初の二つの〈批判〉は、したがって、諸能力のうちのひとつによって規定された、それら諸能力の間の関係を説明するものであり、最後の〈批判〉は、より深いところで、諸能力の自由で無規定な一致を、あらゆる規定された関係の可能性の条件として明らかにしている。

この自由な一致は二つの仕方で現れる。認識能力においては、立法者たる悟性によって想定されているひとつの基底として。また、それ自身としては、われわれを立法的理性もしくは欲求能力へと運命付けるひとつの萌芽として。したがって、この自由な一致とは、精神にとって最も深いものである。だが、最も高いものではない。最も高いもの、それは理性の実践的関心すなわち、欲求能力に対応する関心、認識能力ないし実践的関心そのものをおのれに従属させるこの関心に他ならない。

カントにおける諸能力の理説の独自性は次の点にある。すなわち、諸能力の高次の形態は、それら諸能力を、それらのもつ人間的な有限性から切り離すことがないし、また、それらの本性上の違いを消し去ることもないという点である。語の第一の意味での能力が高次の形態に達するのも、語の第二の意味での能力が立法的な役割を得るのも、特殊で有限な能力としてなのである。

独断論は、主体と客体の調和を主張し、この調和を保証するために神（無限なる諸能力を享受するもの）を引き合いに出した。最初の二つの〈批判〉は、その代わりとして、「有限な」主体に対する客体の必然的従属という考えを置いた。つまり、われわれは立法者であるが、われわれの有限性そのものの中で立法者なのである（道徳法則でさえ、有限な理性にとっての事実なのである)。これこそが、コペルニクス的転回に他ならない(1)。だが、この視点からみると、判断力批判は、ある特殊な難題を提起しているように思われる。諸能力の一定の関係のもとでの自由な一致を発見した時、カントは、調和と合目的性という考えを単に再導入しただけではないだろうか? しかもそれは二つの仕方で行われている。諸能力の合目的的と呼ばれる一致の形で(主観的な合目的性)。そして、自然と諸能力それ自体との偶然と呼ばれる一致の形で(客観的な合目的性)。

しかしながら、本質的なのはここではない。本質的なのは、判断力批判が合目的性の新しい理論を打ち出しており、この理論は、超越論的観点に対応し、立法の観点と完全に両立するということである。この課題が達成されるのは、合目的性がもはや神学的な原理をもたなくなり、むしろ神学の方が人間的な「合目的的」根拠をもつようになる限りにおいてのことである。判断力批判における二つのテーゼの重要性はここに由来する。そのテーゼとは、諸能力の合目的的一致が、特別な発生の対象であるということ、そして、〈自然〉と人間の合目的的関係は、厳密に人間的な実践的活動の帰結であるということ、これらの二つに他ならない。

諸目的の理論

目的論的判断力は、美的判断力と同様、その反省のためのア・プリオリな基礎として役立つ何らかの原理へと送り返されることがない。だから、それは美的判断力によって用意されなければならないし、自然目的の概念もあらかじめ、目的なき合目的性という純粋な形式を想定している。だが、その代わり、われわれが自然目的の概念に到達する際、目的論的判断力には、美的判断力には提起されていなかった問題が提起されることになる。というのも、美学は、どの対象が美しいと判断されるべきかを決定する配慮を趣味に委ねていたが、目的論は、自然目的の概念にしたがって事物を判断するための諸条件を示してくれる諸規則を要求するからである。(2) これを演繹する順序は次のようになる。まず、合目的性の形式から自然目的の概念へ(自然目的の概念は、諸対象の合目的的統一を、それら対象の素材や個別の法則の観点から表現している)。次いで、自然目的の概念から、自然におけるこの概念の適用へ(この適用は、いかなる対象が自然目的の概念にしたがって判断されるべきかを、反省に対して表現している)。

この適用は二重になっている。まず、われわれは自然目的の概念を、一方が原因で他方が結果であるような二つの対象に対して適用する。この場合、われわれは、原因の因果性のうちに結果の観念を導入するようにしていることになる（松林に対する手段としての砂のように）。あるいは、われわれは自然目的の概念を、それ自体が自分自身の原因であり結果であるようなひとつの同一事物、すなわち、その諸部分が、諸部分の形態および結合において相互に産出し合うような事物に対して適用する（自己自身を組織化する有機的存在）。この場合、われわれは、全体という観念を、事物の存在の原因としてではなく（「というのも、仮にそうだとしたら、それが技能の産物だということになってしまうだろうから」）、反省の観点からみた自然の所産としての、この事物の可能性の基礎として導入していることになる。第一の場合には、合目的性は外的であり、第二の場合には内的である。(3) ところが、これら二つの合目的性は、複雑な関係の中にある。

一方で、外的な合目的性は、それ自身によって相対的であり仮言的である。そうでなくなるためには、われわれが最終目的というものを規定できるのでなければならないだろうが、しかし、これは自然を観測することによっては成し遂げることができない。われわれが観測するのは、自らの原因に関しては既に目的であるような手段や、何か別のものに対して尚も手段であるような目的だけである。われわれは、したがって、外的な合目的性を内的な合目的性へと従属させることを余儀なくされる。すなわち、ある事物が手段であるのは、それの仕える目的がそれ自体で有機的存在である限りにおいてでしかない(4)。

だが、他方で、内的な合目的性の方も、外的な合目的性に送り返されるのか、そして、最終目的という（解決不可能に思える）問いを提起しないのかどうかは、疑わしい。実際、自然目的の概念を有機的存在に適用する際、われわれは、自然の全体が諸目的の規則にしたがった一体系であるという考えへと導かれる(5)。有機的存在から出発して、われわれは、これらの存在の間の外的な関係へと、すなわち、宇宙全体を覆っているはずの諸関係へと送り返される(6)。だが、正確には、〈自然〉が、そのような体系（単なる事物の寄せ集めではない）を形成することができるのは、最終目的に応じてのことである。ところで、いかなる有機的存在もこのような目的を作り上げることができないのは明らかである（動物の一種としての人間にさえ、そしてとりわけ人間には、そのようなことはできない）。なぜかと言えば、最終目的は目的としての何かが現実に存在することを含意しているが、諸々の有機的存在における内的な合目的性は、ただ、そうした存在の可能性に関わるだけであって、それらが現実に存在することそれ自体がひとつの目的であるのかどうかについては考慮していないからである。内的な合目的性は、現実に存在しているある種の事物がこれこれの形態をもっているのはなぜなのかという問いしか提起しない。なぜこの形態をもった事物が現実に存在するのかという別の問いは完全に等閑に付しているのである。「最終目的」と言われうるのは、その現実の存在の目的がそれ自身のうちにあるような存在である。したがって、最終目的〔fin dernière/letzter Zweck〕の理念のうちには、究極目的〔but final/Endzweck〕の理念が含まれている。後者は、われわれの反省のためのあらゆる手段と同様、感性的自然におけるわれわれのあらゆる観測の可能性を超え出ている。(7)

自然目的は可能性の基礎であり、最終目的は現実存在の理由であり、究極目的は自らのうちに現実存在の理由を有しているある存在である。だが何が究極目的であるのか？究極目的でありうるのは、諸目的の概念を自ら形成しうる者だけである。理性的存在としての人間だけが、自らの現実存在の目的を自らのうちに見つけることができる。幸福を探し当てようとする限りにおいての人間が問題になっているのだろうか？そうではない。なぜなら、目的としての幸福は、なぜ人間は存在しているのか（しかも、なぜ、自らが幸福のうちに現実に存在することを求めるという「形式」のもとで存在しているのか）という問いを完全に等閑に付しているからだ。(8)認識する限りにおいての人間が問題になっているのだろうか。確かに、思弁的関心は目的としての認識を作り上げる。しかし、この目的は、認識する者の現実の存在が既に究極目的でなかったら、何ものでもないのである。(9)認識することによって、われわれは、反省の観点から自然目的の概念を形成しているに過ぎず、究極目的の理念を形成しているわけではない。確かに、この自然目的の概念の手助けによって、われわれは、〈思弁的理念〉の対象（〈自然〉の叡智的作者としての神）を間接的、類比的に規定することができる。だが、そのようにして規定したとしても、「なぜ神は〈自然〉を創造したのか？」という問いは近づきがたいままに留まるのである。自然目的論が神学の基礎としては不十分であることにカントが絶えず注意を促しているのはこの意味においてである。つまり、われわれはこのような道筋を通って神の〈理念〉を規定するに至るわけだが、そうやって規定したところで、与えられるのはひとつの臆見に過ぎず、信仰が与えられることはない。(10)要するに、自然目的論は、叡智的な創造的原因の概念を正当化するけれども、それは、現実に存在する諸事物の可能性という観点からのことに過ぎないのである。創造行為における究極目的という問い（現実に世界が存在すること、そして人間そのものが存在することは、いったい何の役に立つのか）は、あらゆる自然目的論を超え出ているのであって、自然目的論はこれを考えつくことさえできないのである。[11]

「究極目的は、たんにわれわれの実践理性の概念である」[12]。道徳法則は、実際、条件なき目的を命じている。この目的においては、他ならぬ理性が自らを目的と見なすのであり、自由こそが、法則によって規定された最高目的としてのひとつの内容を、自らに対して必然的に与える。「何が究極目的であるのか？」という問いに、われわれは、人間と答えねばならない。ただしそれは、ヌーメノンおよび超感性的存在としての人間であり、道徳的存在としての人間である。「道徳的存在としての人間については、もはや、なぜそれが存在しているのかと問うことはできない。人間の存在は最高目的を自己自身のうちにもっている」[13]。この最高目的は、道徳法則のもとにある理性的存在の組織であり、あるいは、理性的存在のうちにそれ自体として含まれている存在理由としての自由である。ここに現れるのが、実践的合目的性と無条件的立法との絶対的統一である。この統一は、実践的合目的性がその法則とともにわれわれのうちでア・プリオリに規定されている限りにおいて、「道徳的目的論」の形をとる。[14]

したがって究極目的は、実践的に規定されうるし、実践的に規定される。ところで、われわれは、第二批判においては、このような究極目的の規定が、いかにして〈道徳的作者としての〉神の〈理念〉の実践的規定をもたらすものとされているのかを知っている。この実践的規定がなかったとすれば、究極目的は実現可能なものとして考えられることさえできない。いずれにせよ、神学は常にひとつの目的論に基礎をもっているのである（そしてその逆ではない）。だが、先ほどわれわれは、自然目的論（反省概念）から、物理神学（叡智的作者としての神という〈統制的理念〉の思弁的規定）へと到達していた。この思弁的規定が単なる統制的機能と両立したのは、まさしく、この思弁的規定が全く不十分なものであり、経験的に条件付けられたものに留まり、神による創造の究極目的についてわれわれに何も教えてくれなかった、その限りにおいてのことである。[15] いまや反対に、われわれはア・プリオリに、実践的目的論（究極目的という実践的な規定作用をもった概念）から道徳的神学（信仰の対象としての道徳的な神の〈理念〉という実践的で十分な規定）へと向かう。自然目的論が無益なものだと考えてはならない。われわれを神学の探究へと向かわせるのはまさしくそれなのだ。しかし、物理神学には、本当に神学を提供することはできない。道徳的神学が物理神学を「補完する」とか、諸

〈理念〉の実践的規定が、それとの類比に基づく思弁的規定を補完するなどとも考えてはならない。実際には、道徳的神学は、理性の別の関心にしたがって、物理神学に取って代わるのである。(16) われわれが人間を究極目的として、そして、神による創造全体にとっての究極目的として規定するのは、この別の関心の観点からである。

歴史あるいは実現

最後の問題は次のようなものだ。いかにして、究極目的が、自然の最終目的でもあるのか？　言い換えれば、人間は、その超感性的現実存在において、そして、ヌーメノンとしてのみ究極目的であるわけだが、その人間が、いかにして、感性的自然の最終目的でありうるのか？　超感性界がある種の仕方で感性的なものに結びつけられねばならないことをわれわれは知っている。つまり、自由の概念は、感性界において、自らの法則によって課せられた目的を実現しなければならない。この実現は、二種類の条件のもので可能となる。ひとつは神的諸条件（〈理性の諸理念〉の実践的規定。これは、感性界と超感性界、幸福と道徳性の一致としての〈最高善〉を可能にする）。もう一つは地上の諸条件〈美学と目的論における合目的性。これは、〈最高善〉そのものの実現、すなわち、感性的なものの、より高次の合目的性への適合を可能にするものとしてある〉。自由の実現は、したがって、最高善の実現でもある。つまり、「理性的な世界存在者の最大の幸福と、これら存在者における善の最高の条件との結合」である。[17]この意味で、無条件的な究極目的は、この目的を、必然的に実現可能なものとして、そして、感性的自然の中で実現されねばならないものとして措定する諸条件のもとで、感性的自然の最終目的となるのである。

最終目的が究極目的以外のものでない以上、最終目的は次のような根本的な逆説の対象になる。すなわち、感性的自然の最終目的は、この自然そのものだけでは実現するのに十分でないような目的であるという逆説だ。[18]自由を実現するのは自然ではない。自由の概念が、自然の中で実現され、現実のものとなるのである。感性界において自由と〈最高善〉とが現実のものとなるということは、したがって、人間に独自の総合的な活動をそのうちに含んでいる。すなわち、〈歴史〉こそが、この現実化に他ならない。だから、歴史を単なる自然の展開と混同してはならないのである。最終目的の理念は、確かに、自然と人間の合目的的関係を当然のものとして前提している。だが、この関係は、自然的合目的性によっては、ただ可能にされるに過ぎない。この見解は、それ自身においては、そして形式的には、この感性的自然から独立しているのであり、人間によって確立され、創始されねばならない。[19] 合目的的関係の創始とは、完全な市民的体制の形成のことである。この体制は、〈文化〉の最高の対象であり、歴史の目的あるいは厳密な意味で地上的な〈最高善〉である。[20]

この逆説を説明するのは容易である。現象としての感性的自然にとっての基体が超感性的なものである。感性的自然の機構《メカニスム》と合目的性が両立するのは、ただこの基体においてのことである。その機構は、諸感覚の対象としての自然において必然的なものに関わり、その合目的性は、理性の対象としての自然において偶然的であるものに関わる。[21] したがって、感性的自然にとっての最終目的は「自らの」目的であるにもかかわらず、感性的自然だけではその実現には十分でないというこの事態は、〈超感性的自然〉の狡知〔*ruse*〕なのである。というのも、この目的は、超感性的なものそのもの、実現されねばならないもの（つまり、感性的なものに効果を及ぼさねばならないもの）としての超感性的なものそのものだからである。「自然は、人間が動物的存在としてもつ機械的配剤以上のことすべてを全く自分自身で作り上げ、本能から自由に自分自身の理性によって自ら獲得した以外の幸福や完全性には与らないことを欲した」[22]。だから、感性的自然と人間の諸能力との一致の中で偶然的であるのは、最高の超越論的外観であり、その背後には超感性的なものの狡知が隠されているのである。――だが、超感性的なものが感性的なものに及ぼす効果や、自由の概念の実現について語る時、われわれは決して、現象としての感性的自然が自由や理性の法則に従属していると考えてはならない。歴史をそのように解するのは、諸々の出来事というものが、理性によって規定されていると、そして、ヌーメノンとしての人間の中に個々に存在している理性によって規定されていると考えることになってしまう。すると、諸々の出来事は、人間たち自身の「理性的な個人的意図」を顕在化しているのだということになってしまうだろう[23]。だが、感性的自然の中に現れるような自然は、全く反対の事態を示している。すなわち、純然たる力関係と諸傾向の対立が、子供じみた虚栄と狂気の織物をなす、そのような事態である。これはつまり、感性的自然は常に、自らに固有の諸法則に従っているということである。だが、感性的自然には自らの最終目的が実現不可能なのだとしても、それでもなお感性的自然は、自らの諸法則に沿って、この目的の実現を可能ならしめねばならない。ほかならぬこの力の機構と諸傾向の対立によってこそ(「非社交的社交性」を参照)、感性的自然は、人間そのものにおいても、最終目的が歴史的に実現される唯一の場としての〈社会〉の創設を主宰する。[24] だから、ア・プリオリな理性的な個人的意図の観点からすれば無意味に思われることでも、人間という種の枠内での理性の発展を経験的に保証する「〈自然〉の意図」たりうるのである。歴史は、個人的な理性からではなくて、種の観点から判断されねばならない。[25] したがって、〈自然〉の第二の狡知があることになる。われわれはこれを第一の狡知と混同すべきでない（二つが一緒になって歴史を構成しているのである）。この第二の狡知によれば、〈超感性的自然〉は、人間そのものにおいても、感性的なものが自らに固有の法則に従って働き、ついには超感性的なものの効果を受けいれることができるようになるのを欲していたことになるのである。

簡易参考文献表

（特にカント読解入門として書かれている書物にはアステリスクを付してある）

思弁哲学

Boutroux, **La philosophie de Kant* （cours）, Vrin.

Daval, *La métaphysique de Kant*, Presses Universitaires de France.

Vleeschauwer, *La déduction transcendantale dans l'œuvre de Kant*, Anvers-Paris.

Vuillemin, *Physique et métaphysique kantiennes*, Presses Universitaires de France.

実践哲学

Alquié, *Introduction, édition Presses Universitaires de France, de la *Critique de la raison pratique*.

——, **La morale de Kant* （cours）, C.D.U.

Delbos, *La philosophie pratique de Kant*, Alcan.

Vialatoux, **La morale de Kant*, Presses Universitaires de France.

判断力の哲学

M. Souriau, *Le jugement réfléchissant dans la philosophie critique de Kant*, Alcan.

歴史哲学

Delbos, *Ibid.*

Lacroix, *Histoire et mystère*, Casterman.

Recueil d'articles（E. Weil, Ruyssen, Hassner, Polin ...）, *La philosophie politique de Kant*, Presses Universitaires de France.

ポスト・カント主義におけるカント問題

Delbos, *De Kant aux postkantiens*, Aubier.

Guéroult, *L'évolution et la structure de la Doctrine de la Science chez Fichte*, Les Belles-Lettres.

Vuillemin, *L'héritage kantien et la révolution copernicienne*, Presses Universitaires de France.

原註

序論

(1)『純粋理性批判』〔岩波版全集、第六巻、一一六頁〕および『オプス・ポストゥムム』。
(2)『判断力批判』、第八四節〔岩波版全集、第九巻、一一五頁〕。
(3)『実践理性批判』、定理二、備考一〔岩波版全集、第七巻、一五一～一五二頁〕。
(4)『純粋理性批判』、方法論、「自己自身と一致しない純粋理性の懐疑的満足の不可能性について」〔岩波版全集、第六巻、五四～五五頁〕。
(5)『判断力批判』、序論、Ⅲ〔岩波版全集、第八巻、二四、二五頁〕。
(6)『実践理性批判』、序言〔岩波版全集、第七巻、一三五～一三六頁〕。『純粋理性批判』、〔第二版〕序論、第V節〔岩波版全集、第四巻、七八頁〕。
(7)『実践理性批判』、分析論、定理三〔岩波版全集、第七巻、一五九頁〕。
(8)『実践理性批判』については、フランス大学出版局版に付されたアルキエ〔Alqaiè〕氏の序文および「哲学入門叢書」に収められたヴィアラトゥ〔Vialatoux〕氏の著書を参照されたい。
(9)『純粋理性批判』、弁証論、「理念一般について」〔岩波版全集、第五巻、二二七～二三三頁〕。

（10）『純粋理性批判』、感性論、§8「私は、物体が単に私の外にあるように見えるとか〔…〕言っているのではない。もし私が、現象〔*phénomène*〕として考えるべきものの中に、単なる仮象〔*apparence*〕だけを見ていたとしたら、私は間違っていたことになるだろう」〔岩波版全集、第四巻、一二五頁〕。

（11）『純粋理性批判』、弁証論、「超越論的理念について」〔岩波版全集、第五巻、三八頁〕。

第一章

（1）『純粋理性批判』、分析論、第一版、「構想力における再生の総合について」〔岩波版全集、第四巻、一八〇頁〕。

（2）『純粋理性批判』、分析論、諸所に（第一版、「対象一般に対する悟性の関係について」を参照。「だから、われわれの内にはこの多様な総合の能動的能力があり、この能力をわれわれは構想力と呼び、直接的に諸知覚に行使された構想力の働きを私は把捉と名付ける」〔岩波版全集、第四巻、一九五頁〕）。

（3）『純粋理性批判』、分析論、§10〔岩波版全集、第四巻、一五四頁［ドゥルーズは、次の箇所を念頭においているものと思われる。「この構想力とは、魂の不可欠とはいえ盲目的な機能であるが、この機能なしには、われわれはそもそもいかなる認識ももたないだろう。けれども、われわれがこの機能を意識しているということさえも極めてまれである」］〕。

（4）書簡、ヘルツ宛て、一七八九年五月二六日付け〔岩波版全集、第二一巻、三五八頁〕。

(5)『純粋理性批判』、分析論、§16〔岩波版全集、第四巻、二〇七頁、原註〕。
(6)『純粋理性批判』、分析論、§13〔岩波版全集、第四巻、一六九頁〕。
(7)『純粋理性批判』、弁証論、「超越論的理念について」〔岩波版全集、第五巻、三八頁〕。
(8)『純粋理性批判』、分析論、「論理的悟性使用一般について」〔岩波版全集、第四巻、一四五頁〕。
(9)『純粋理性批判』、弁証論、「超越論的理念について」〔岩波版全集、第五巻、四一頁〕。
(10) 同前〔同前、三五頁〕。
(11)『純粋理性批判』、弁証論、「純粋理性の理念の統制的使用」〔岩波版全集、第五巻、三二六頁〕。
(12) 同前〔同前、三二六〜三二七頁〕。
(13)『純粋理性批判』、弁証論、「超越論的理念について」〔岩波版全集、第五巻、三八頁〕。
(14)『純粋理性批判』、弁証論、付録、「純粋理性の理念の統制的使用」〔岩波版全集、第五巻、三三四頁〕。
(15) 象徴作用〔symbolisme〕の理論は、『判断力批判』に至って始めて現れる。だが、『純粋理性批判』の「弁証論への付録」において描かれた「類比〔analogie〕」は、この理論をはじめて素描したものである。
(16)『判断力批判』、第四〇節、〔岩波版全集、第八巻、一七九頁〕。
(17)『純粋理性批判』、弁証論、付録、「人間理性の自然的弁証論の究極意図について」〔岩波版全集、第五巻、三四七頁〕。

(18) 書簡、ヘルツ宛て、一七八九年五月二六日付け〔岩波版全集、第二一巻、三六〇～三六一頁〕。
(19) 同前、三六一頁。
(20) 『判断力批判』、第二一節、〔岩波版全集、第八巻、一〇四頁〕。
(21) 同前。
(22) 『純粋理性批判』、弁証論、「超越論的仮象について」〔岩波版全集、第五巻、一四頁〕。
(23) 『純粋理性批判』、弁証論、「純粋理性の弁証論的推論について」および「超越論的弁証論への付録」〔岩波版全集、第五巻、四九～三七四頁〕。
(24) 『純粋理性批判』、分析論、「すべての対象一般をフェノメナとヌーメナとに区別する根拠について」〔岩波版全集、第四巻、三四八頁〕。
(25) 『純粋理性批判』、弁証論、「人間理性の自然的弁証論の究極意図について」〔岩波版全集、第五巻、三五二～三六二頁〕。
(26) 『純粋理性批判』、方法論、「論争的使用に関する純粋理性の訓練」〔岩波版全集、第六巻、四五～四六頁〕。
(27) 『純粋理性批判』、方法論、「われわれの理性の純粋使用の最終目的について」〔岩波版全集、第六巻、八三～八八頁〕。

第二章

(1) 『実践理性批判』、分析論、第七節、純粋実践理性の根本法則〔岩波版全集、第七巻、一六六～一六七頁〕。

（2）『純粋理性批判』、弁証論、「世界の出来事をその原因から導出する総体性についての宇宙論的理念の解決」〔岩波版全集、第五巻、二三二～二三三頁〕。

（3）『純粋理性批判』、分析論、「すべての対象一般をフェノメナとヌーメナとに区別する根拠について」〔岩波版全集、第四巻、三三八～三六一頁［特に三四九頁以降］〕。

（4）『純粋理性批判』、弁証論、「一般的な自然必然性と結合した自由の宇宙論的理念の解明」〔岩波版全集、第五巻、二三九～二五二頁［特に二四四頁付近］〕。

（5）『実践理性批判』、分析論、「純粋実践理性の分析論の批判的解明」〔岩波版全集、第七巻、二六五頁〕。

（6）『判断力批判』、第九一節〔岩波版全集、第九巻、一六一～一七二頁〕。『実践理性批判』、序言〔岩波版全集、第七巻、一二三～一二八〕。

（7）『実践理性批判』、分析論、「純粋実践理性の原則の演繹について」〔岩波版全集、第七巻、一八四頁、一九一頁［岩波版全集では、「われわれが概念化できる限りの超感性的自然とは」の「は」が誤植で抜けているので注意］〕。

（8）『判断力批判』、序論第Ⅱ、第Ⅸ節〔岩波版全集、第八巻、一八～二二頁、四八～五一頁［「大きな裂け目」の表現は四八頁］〕。

（9）『人倫の形而上学の基礎付け』、第二章〔岩波版全集、第七巻、八一頁〕。

（10）同上〔岩波版全集、第七巻、七八～七九頁〕。

（11）同上〔岩波版全集、第七巻、七九頁〕。

(12) 『実践理性批判』、分析論、「純粋実践理性の原則の演繹について」〔岩波版全集、第七巻、一八五頁〕。
(13) 『実践理性批判』、分析論、「純粋な実践的判断力の範型論について」〔岩波版全集、第七巻、二二四頁〕。
(14) 同上〔岩波版全集、第七巻、二二〇～二二六頁〕。
(15) 『実践理性批判』、分析論、「純粋理性は実践的使用において、思弁的使用においてのみではなしえない拡張の権能をもつことについて」。「意志の概念のうちには、因果性の概念がすでに含まれている」〔岩波版全集、第七巻、二〇二頁〕。
(16) 『実践理性批判』、序言〔岩波版全集、第七巻、一二六～一二七頁〕。
(17) 『実践理性批判』、分析論、「純粋理性は実践的使用において、思弁的使用においてのみではなしえない拡張の権能をもつことについて」〔岩波版全集、第七巻、一九五～二〇五頁〔特に、二〇〇～二〇五頁〕〕。
(18) 『実践理性批判』、分析論、定理四備考二〔岩波版全集、第七巻、一七二～一八二頁〔特に一七八～一七九頁〕〕。
(19) 『実践理性批判』、分析論、「純粋な実践的判断力の範型論について」「〔岩波版全集、第七巻、二二五頁〕。
(20) 『人倫の形而上学の基礎付け』、第一章（末尾）〔岩波版全集、第七巻、三〇頁〕。
(21) 『実践理性批判』、序論〔岩波版全集、第七巻、一四〇頁〕。
(22) 『実践理性批判』、弁証論、「実践理性の二律背反の批判的解消」〔岩波版全集、第七巻、二八九〜二九七頁)。
(23)『実践理性批判』、弁証論、「純粋実践理性一般の弁証論について」(岩波版全集、第七巻、二八〇頁)。
(24)『実践理性批判』、分析論、「純粋実践理性の動機について」(確かに尊敬は積極的であるが、しかしそれは単に「その知性的原因によって」そうであるに過ぎない)(岩波版全集、第七巻、二三〇頁)。
(25)『判断力批判』、序論、第Ⅱ節(岩波版全集、第八巻、二一頁)
(26)『実践理性批判』、分析論、「純粋実践理性の原則の演繹について」(岩波版全集、第七巻、一八五頁)。
(27)『純粋理性批判』、弁証論(岩波版全集、第五巻、二四四〜二四七頁)。
(28)『判断力批判』、序文、第九節(岩波版全集、第八巻、四九頁)。
(29)『実践理性批判』、分析論、「純粋実践理性の対象の概念について」(岩波版全集、第七巻、二一四頁)。
(30)同前(岩波版全集、第七巻、「純粋な実践的判断力の範型論について」、二二二頁)。
(31)『実践理性批判』、分析論、「純粋実践理性の分析論の批判的解明」(岩波版全集、第七巻、二五三頁)。
(32)『実践理性批判』、弁証論、「実践理性の二律背反」(岩波版全集、第七巻、二八八〜二八九頁)。
(33)『実践理性批判』、弁証論、「純粋実践理性の諸要請全般について」(岩波版全集、第七巻、三一四〜三一六頁〕。

(34)『実践理性批判』、弁証論、「純粋理性の要求から生ずる信憑について」〔岩波版全集、第七巻、三二七〜三三三頁〕。

(35)『実践理性批判』、序言〔岩波版全集、第七巻、一二四頁〕。『判断力批判』、第九一節〔岩波版全集、第九巻、一六四頁〕。

(36)『実践理性批判』、弁証論、「思弁理性との結合における純粋実践理性の優位について」〔岩波版全集、第七巻、二九七頁［この箇所の仏訳はかなり自由な翻訳になっているので、仏訳をそのまま翻訳した。われわれの参照する邦訳では次のようになっている。「心の能力には、すべて、関心を与えることができるが、原理としてはそれが含む制約にしたがうことによってのみその能力の遂行を促進することができる」。］〕

(37)『実践理性批判』、分析論、「純粋実践理性の原則の演繹について」〔岩波版全集、第七巻、一九三頁〕。

(38)『実践理性批判』、弁証論、「純粋実践理性の諸要請全般について」〔岩波版全集、第七巻、三一五〜三一六頁〕

(39)『判断力批判』、第八七、八八節〔岩波版全集、第九巻、一三三〜一五〇頁〕。

(40)『判断力批判』、第八六節〔岩波版全集、第九巻、一二六頁［ここの仏訳もかなり自由な訳であり、われわれの参照する邦訳では次のようになっている。「〔…〕世界が認識されることからは、世界の現存在にはどのような価値も生じることができないからである。また、この世界観察そのものは、それと関連して価値をもつような世界の究極目的をすでに前提しなければならない」〕)。

(41)『判断力批判』、第八八節〔岩波版全集、第九巻、一四二頁〔引用された仏訳には、fin dernière(「最終目的 letzter Zweck」の仏訳)と but final(「究極目的 Endzweck」の仏訳)とが混じっているが、カントの原文ではどちらも、Endzweck であるので、そのように訂正して、翻訳した。なお、われわれの参照する邦訳では、該当箇所は次のように翻訳されている。「というのも、創造がいつでも究極目的をもつとすれば、われわれは、究極目的が道徳的究極目的(これだけが目的についての概念を可能にする)と合致しなければならないというようにだけ、究極目的を考えることができるからである。〔…〕しかし、理性的存在者の実践理性は、この究極目的を指示するだけでなく、また創造の究極目的がそのもとでのみわれわれによって考えられうる諸条件に関して、その概念を規定するのである」〕。

(42)『実践理性批判』、弁証論、「思弁理性との結合における純粋実践理性の優位について」〔岩波版全集、第七巻、三〇〇頁〕(『人倫の形而上学の基礎付け』、第三章。「関心とは、それを通じて理性が実践的となるものである〔…〕。理性の論理的な関心は、理性の認識を高めるためのものだが、これは決して直接的ではなく、むしろこの能力の使用が関係付けられる諸々の目的を前提している」〔岩波版全集、第七巻、一一〇〜一一一頁〕)。

第三章

(1)『判断力批判』、第一二節〔岩波版全集、第八巻、八二頁〕。

(2) 『判断力批判』、第九節〔岩波版全集、第八巻、七四〜七八頁〕。
(3) 『判断力批判』、第一四節〔岩波版全集、第八巻、八三〜八七頁〕。
(4) 『判断力批判』、第八節〔岩波版全集、第八巻、七二頁〕。
(5) 『判断力批判』、序論第Ⅳ、Ⅴ節〔岩波版全集、第八巻、二六〜三六頁〕。
(6) 『判断力批判』、第一六節(pulchritudo vaga〔不定美〕)〔岩波版全集、第八巻、九〇〜九三頁〕。
(7) 『判断力批判』、第三五節〔岩波版全集、第八巻、一七一〜一七二頁〕。
(8) 『判断力批判』、第一六節〔岩波版全集、第八巻、九一頁〕および「分析論第一部についての一般的注解」〔岩波版全集、第八巻、一〇七頁〕。
(9) 『判断力批判』、第九節〔岩波版全集、第八巻、七七頁〕。
(10) 『判断力批判』、第三九節、第四〇節〔岩波版全集、第八巻、一七七〜一八四頁〕。
(11) 『判断力批判』、第二六節〔岩波版全集、第八巻、一二三頁〕。
(12) 『判断力批判』、第二九節、「一般的注解」〔岩波版全集、第八巻、一五三〜一五四頁〕。
(13) 『判断力批判』、第二九節〔岩波版全集、第八巻、一四〇〜一四三頁〕。
(14) 『判断力批判』、第二四節〔岩波版全集、第八巻、一一六〜一一七頁〕
(15) 『判断力批判』、第三〇節〔岩波版全集、第八巻、一六〇〜一六二頁〕。
(16) 『判断力批判』における〈崇高〉の分析の位置はここに由来する〔「崇高なものの分析論」が、「純粋な美的判断の演繹」の直前に置かれているということ〕。
(17) 『判断力批判』、第四一節〔岩波版全集、第八巻、一八四〜一八六頁〕。

(18)『判断力批判』、第三〇節（岩波版全集、第八巻、一六一頁）。
(19)『判断力批判』、第四二節（岩波版全集、第八巻、一八六〜一九三頁）。
(20)『判断力批判』、第五八節（岩波版全集、第八巻、二五二〜二五八頁）。
(21)『判断力批判』、序論第Ⅶ節（岩波版全集、第八巻、四二頁）。
(22)『判断力批判』、第五八節（岩波版全集、第八巻、二五六〜二五七頁）。
(23)『判断力批判』、第四二節（岩波版全集、第八巻、一八六〜一九三頁）。
(24)『判断力批判』、第四二、五九節（岩波版全集、第八巻、一八六〜一九三頁、二五八〜二六三頁）。
(25)『判断力批判』、第四二節（岩波版全集、第八巻、一八九〜一九〇頁）。
(26)『判断力批判』、第五九節（岩波版全集、第八巻、二六一頁）。
(27)『判断力批判』、第四二節（岩波版全集、第八巻、一八六〜一九三頁）。
(28)『判断力批判』、第五七節、注解一（岩波版全集、第八巻、二四八頁）。
(29)『判断力批判』、第四九節（岩波版全集、第八巻、二〇七〜二一五頁）。
(30) 同前
(31) 同前
(32) 同前
(33) 第四二節の述べるところに反して、第五九節（「道徳の象徴としての美について」）に述べられることは、自然だけでなく芸術にも当てはまる。
(34)『純粋理性批判』、分析論、「超越論的判断力一般について」（岩波版全集、第四巻、二三七～二四〇頁〕。

(35)『純粋理性批判』、弁証論、付録、「諸理念の統制的使用について」〔岩波版全集、第五巻、三二五～三四六頁〕。

(36)『純粋理性批判』、分析論、「超越論的判断力一般について」〔岩波版全集、第四巻、二三七～二四〇頁〕。

(37)『判断力批判』、序論第Ⅲ、Ⅸ節〔岩波版全集、第八巻、二二一～二二六頁、四八～五一頁〕。

(38)『判断力批判』、序論第Ⅴ節〔岩波版全集、第八巻、二九～三六頁〕〔『純粋理性批判』弁証論の付録も参照のこと〔岩波版全集、第五巻、三三五～三七四頁〕〕。

(39)『判断力批判』、第七七節〔岩波版全集、第九巻、七三～八一頁〕。

(40)『判断力批判』、第七五節〔岩波版全集、第九巻、六三頁〕。

(41)『判断力批判』、第七四節〔岩波版全集、第九巻、六〇頁〕。

(42)『判断力批判』、第七七節〔岩波版全集、第九巻、七四頁〕。

(43)『純粋理性批判』、弁証論、付録、「人間理性の自然的弁証論の究極意図について」〔岩波版全集、第五巻、三六五～三六九頁〕。——『判断力批判』、第六八、七五、八五節〔岩波版全集、第九巻、四〇～四四頁、六三～六七頁、一一七～一二五頁〕。

(44)『判断力批判』第三四節の「相互間の主観的合目的性」という表現はここに由来する〔岩波版全集、第八巻、一七〇頁〕。

(45)『判断力批判』、第十一、十五節〔岩波版全集、第八巻、七九～八〇頁、八七～九〇頁〕。

(46)『判断力批判』、第五八節〔岩波版全集、第八巻、二五七頁〔邦訳では「われわれの心の諸力の関係における内的合目的性を知覚するという機会」となっている」。
(47)『判断力批判』、第五八節〔岩波版全集、第八巻、二五七頁〕。
(48)『判断力批判』、第六七節〔岩波版全集、第九巻、三九頁〕。
(49)『判断力批判』、序論第Ⅵ節〔岩波版全集、第八巻、三六〜四〇頁〕。
(50)『判断力批判』、序論第Ⅷ節〔岩波版全集、第八巻、四六〜四七頁〕。
(51)『判断力批判』、序論第Ⅲ、Ⅸ節〔岩波版全集、第八巻、二二〜二六頁、四八〜五一頁〕。

結論

(1)「構成作用をもった有限性」についての、ヴュイユマン〔Vuillemin〕氏の解説を参照されたい（『カントの遺産とコペルニクス的転回』）
(2)『判断力批判』、序論第Ⅷ節〔岩波版全集、第八巻、四四〜四八頁〕。
(3)『判断力批判』、第六三〜六五節〔岩波版全集、第九巻、一九〜三三頁〕。
(4)『判断力批判』、第八二節〔岩波版全集、第九巻、一〇一〜一〇七頁〕。
(5)『判断力批判』、第六七節〔岩波版全集、第九巻、三五〜四〇頁〕（カントが外的な合目的性を内的な合目的性に完全に従属させていると考えるのは不正確である。だが、その反対は、ある観点からすれば、正しい）。
(6)『判断力批判』、第八二節〔岩波版全集、第九巻、一〇一〜一〇七頁〕。
(7)『判断力批判』、第八二、八四節〔岩波版全集、第九巻、一〇一〜一〇七頁、一一四〜一一七頁〕。

(8)『判断力批判』、第八六節〔岩波版全集、第九巻、一二五〜一三三頁〕。
(9)同前。
(10)『判断力批判』、第八五、九一節、および「目的論に対する一般的注解」〔岩波版全集、第九巻、一一七〜一二五頁、一六一〜一七二頁、一七二〜一八七頁〕。
(11)『判断力批判』、第八五節〔岩波版全集、第九巻、一一七〜一二五頁〕。
(12)『判断力批判』、第八八節〔岩波版全集、第九巻、一四三頁〕。
(13)『判断力批判』、第八四節〔岩波版全集、第九巻、一一六頁〕。
(14)『判断力批判』、第八七節〔岩波版全集、第九巻、一三三〜一四一頁〕。
(15)『判断力批判』、第八八節〔岩波版全集、第九巻、一四一〜一五〇頁〕。
(16)『判断力批判』、「目的論に対する一般的注解」〔岩波版全集、第九巻、一七二〜一八七頁〕。
(17)『判断力批判』、第八八節〔岩波版全集、第九巻、一四一頁〕。
(18)『判断力批判』、第八四節〔岩波版全集、第九巻、一一五頁〕。
(19)『判断力批判』、第八三節〔岩波版全集、第九巻、一〇七〜一一四頁〕。
(20)同前。——および、「世界市民的見地における普遍史の理念」、第五〜八命題〔岩波版全集、第十四巻、十〜十九頁〕。
(21)『判断力批判』、第七七節〔岩波版全集、第九巻、七三〜七八頁〕。
(22)「世界市民的見地における普遍史の理念」、第三命題〔岩波版全集、第十四巻、六頁〕。
(23)「世界市民的見地における普遍史の理念」、序文〔岩波版全集、第十四巻、四頁［カントの邦訳では「理性的な固有の意図」とある〕。
(24) 「世界市民的見地における普遍史の理念」、第四命題〔岩波版全集、第十四巻、八～九頁〕。
(25) 「世界市民的見地における普遍史の理念」、第二命題〔岩波版全集、第十四巻、五～六頁〕。

訳註

序論

〔1〕 引用箇所に現れる「究極目的」は、カントのテキストでは、Endzweck である。これは一般に、そしてまた本書の利用する仏訳でも、but final と翻訳されている。だが、なぜかここではこれが、fin dernière と訳されている。後者は、一般に、そしてまた本書の利用する仏訳でも、letzter Zweck に対応する訳語で、日本語では「最終目的」と訳される。本書の結論部では、「究極目的」と「最終目的」の区別と同一が問題にされるから、この訳語のズレは決して無視できるものではない。ここでは、カントのドイツ語原文を尊重して、fin dernière を「究極目的」と訳した。だが、これは例外であって、以降では、「究極目的」は but final/Endzweck の訳語になる。注意されたい。

〔2〕 ここで「空虚さ」と翻訳されたのは、inanité という語。カントの原文では、dialektischem Scheine (「弁証論的仮象性」) であり、フランス語では、apparence dialectique とするのが現在の定訳。

〔3〕 以下、objet は、客体、客観、対象などと、sujet は、主体、主観などと訳し分けるので、注意されたい。

〔4〕「権利上 en droit」は、「事実上」と対をなす語。カントは、『純粋理性批判』において法律用語を用い、前者を問うことを「権利問題 quid juris」、後者を問うことを「事実問題 quid facti」と呼んだ（『純粋理性批判』、分析論、「超越論的演繹一般の原理について」〔岩波版全集、第四巻、一六五頁〕を参照）。権利問題を問うとは、実際に事実がどうであるか、どうであったかではなくて、原理原則はどうなっているかを問うことを意味する。たとえば、認識能力、欲求能力、快・不快の感情は実際には分かちがたく混ざり合っているが、原理原則の上ではそれらを区別して、それぞれがどうなっているのかを問うことができるし、そうしなければならない。人間の能力における権利問題を取り上げた点で、カント哲学は哲学史の転回点になったと言われている。なお、『純粋理性批判』における「権利問題」と「事実問題」の実際については、第一章「「ア・プリオリ」と超越論的」の節を参照されたい。

〔5〕『純粋理性批判』、第二版序論、Ⅳ「分析的判断と総合的判断との区別について」〔岩波版全集、第四巻、七七頁〕。

〔6〕ここにほのめかされているのは、『実践理性批判』の領域のことである。そこにおいてはじめて理性は、物自体と関わり合いをもち、それに対して立法行為を行うことになる。

〔7〕「感受的 pathologique/pathologisch」とは、意志が対象の与える快・不快によって受動的に規定されていることを指す。簡単に言えばカントは、この言葉で、道徳的でない行為全てを指している。

第一章

〔1〕 後出の「権利問題」とあわせ、序論の訳注4を参照されたい。

〔2〕 「究明 exposition/Erörterung」はここで、次に出てくる「演繹」と対になる表現。時間と空間は、その存在を何かから導き出すことができない。「たとえいかなる対象も空間のうちに見出されないということはたぶん考えられうるとしても、いかなる空間も存在しないということを考えることは決してできない」。「われわれは全く十分に諸現象を時間から取り除くことができるけれども、諸現象一般に関して時間そのものを廃棄することはできない」(『純粋理性批判』、原理論、第一節、第二節〔岩波版全集、第四巻、九九頁、一〇七頁〕)。ア・プリオリに存在する表象の内実を分析する作業がここで「究明」と呼ばれ、更にそこに「形而上学的」との形容が付されている。そのような形容があるのは、空間および時間の「形而上学的究明」に続いて、両者の「超越論的究明」が現れるからである。こちらは、空間とは何かとか時間とは何かではなくて、それらがどうやって認識を可能にするのか、その原理を問うことを意味している。

〔3〕 上の「究明」と対をなす。認識の事実を解明していくと、全ての経験から全く独立した概念がその中で働いていることが分かる。それが純粋悟性概念としてのカテゴリーである。「ア・プリオリな諸概念としてのカテゴリーの客観的妥当性は、カテゴリーによってのみ経験が(思惟の形式に関して)可能である、ということに依拠するのである」(『純粋理性批判』、分析論、第一節〔岩波版全集、第四巻、一七三頁〕)。カテゴリーを導き出す

作業がここで「演繹」と呼ばれている。但し、それは諸々の経験についての反省から概念を導きだすことではない。それでは経験的演繹になってしまう。超越論的演繹とは、カテゴリーという概念がどうやってア・プリオリに対象に関係づけられるのか、それを明らかにすることを意味している（同前、一六六頁）。

〔4〕ヒュームの場合、認識が経験を超え出るある種の過剰を含んでいるという事実は、もっぱら人間の認識能力を規定している原理（人間本性）によってのみ説明された。認識の対象（自然、世界…）は、そこから全く独立したものとして、単に人間本性の前に屹立している。カントは、いわば、第三項としての現象を置くことによって、その両者を同一種類且つ同一の諸原理に従属させるのである。

〔5〕多少乱暴に言えば、独断的合理論においては、自然の中には、観念の秩序と事物の秩序の一致があらかじめ目的として書き込まれており（合目的性）、それを書き込んだのが神だということ（神学的原理）。

〔6〕主観的観念論とは、主観こそが世界を構成しているという考えを指している（たとえば、コケコッコーと鳴くニワトリが、言語が変わると cock a doodle doo と鳴く等々）。その考えによるなら、世界内の諸対象の主観への従属は、容易に解決できる問題であるどころか、考えの前提である。ドゥルーズが言っているのは、カント哲学はそのような主観的観念論から区別されるものであり、続けて述べられるように、経験の対象である実在の客観的実在性を肯定する経験的実在論だということである。

〔7〕この「総合」については、カント本人の説明の方が分かり易いかもしれない。「私は、

最も一般的な意味での総合を、さまざまな表象を相互に付加し、表象の多様を一つの認識において総括する働きと理解する」（『純粋理性批判』、分析論、§10〔岩波版全集、第四巻、一五三頁〕）。

〔8〕序論、「高次の認識能力」の節で、「認識とは、ゆえに、諸表象の総合である」と述べたことを指していると思われる。

〔9〕「何らかの対象〔objet quelconque〕」とは、すぐ上にでてきた「対象＝X」のこと。諸表象は対象を持っている。だが、それは認識の外にあるのだから、われわれはこの対象を「もの一般＝X」としてしか考えられない。とはいえ、認識と対象との関係には必然性がある。そうでなければ、われわれの認識は「でたらめに、ないし任意に規定されている」ことになってしまう。対象＝Xはそのような事態を斥けるものである。それとて、表象であることには変わりないのだが、われわれのもついわゆる諸表象とは異なる。それゆえ、カントはそれが「無」であると言い、ドゥルーズは「コギトの表現」とか「その〔コギトの〕形式的客観化」と説明している（『純粋理性批判』、分析論、「概念における再認の総合について」〔岩波版全集、第四巻、一八三〜一八四頁〕）。

〔10〕ここに言われる「対象の形式」は、「何らかの対象」および「対象＝X」の言い換えと考えてよい。

〔11〕われわれが認識を有するためには、第一に、純粋直観の多様が与えられていなければならない。第二に、構想力がこれを総合しなければならない。だが、この総合だけでは認識は与えられない。この総合に――つまり様々な表象を組み合わせ、まとめたものに――、

悟性が統一を与えなければならない。この統一を与える機能が、純粋悟性概念、すなわちカテゴリーである。カテゴリーとは、総合された表象、つまりまとめられたに過ぎないものについて、判断を下せるように、それを腑分けするための表である。カテゴリー表は実際には次のようになっている。

1．量のカテゴリー
単一性　数多性　総体性
2．質のカテゴリー
実在性　否定性　制限性
3．関係のカテゴリー
内属性と自存性　原因性と依存性　相互性
4．様相のカテゴリー
可能性——不可能性　現存在——非存在　必然性——偶然性

（『純粋理性批判』、分析論、§10「純粋悟性概念ないしはカテゴリーについて」〔岩波版全集、第四巻、一五三〜一五七頁〕）。

ドゥルーズがここで述べているのは、このカテゴリーをはみ出るような対象は存在しないということ、したがって、続いて述べられるように、いかなる現象もカテゴリーに必然的に従属しているのであり、その意味でわれわれは自然の立法者なのだということである。また、この後の箇所では、この意味での立法を行うのが悟性であって構想力ではないことが説明される。構想力が行う総合は、諸現象をカテゴリー（純粋悟性概念）に関係付けるための媒介の役目を果たすに過ぎない。構想力は媒介し、悟性が立法する。

〔12〕 本章の訳注2、3を参照されたい。

〔13〕 構想力によって総合された多様なる表象は、カテゴリー表（純粋悟性概念）に関係付けられることで、悟性の判断の対象となる（これがあれの原因になって…等々の判断が下せるようになる）。だが、実は、表象は総合されただけでは、未だ、純粋悟性概念にとって全く異種なものであって、そのままでカテゴリー表に関係付けられることはできない。異種的に留まっている両者の間を取り持つのが構想力の図式機能である。「一方においてはカテゴリーと、他方においては現象と同種的でなければならない第三者、現象へのカテゴリーの適用を可能にする第三者がなければならない〔…〕。そのようなものは超越論的図式である」（『純粋理性批判』、分析論、第一章「純粋悟性概念の図式論について」〔岩波版全集、第四巻、二四二頁〕）。

〔14〕 本章「諸能力間の関係の問題――共通感覚」で論じられる共通感覚の問題のことを指していると思われる。

〔15〕 カテゴリー（純粋悟性概念）と超越論的理念（純粋理性概念）は、たとえば次の一節が述べるような、ある種の平行関係にある。「もろもろの判断の形式は（もろもろの直観の総合の概念へと変容されて）、経験におけるすべての悟性使用を導く諸カテゴリーを産出した。同様にわれわれが期待しうるのは、もろもろの三段論法の形式は、それが諸カテゴリーの例にならってもろもろの直観の総合的統一に適用されると、特殊なア・プリオリな諸概念の根源を含むであろうということである。われわれはこれらの概念を純粋理性概

念あるいは超越論的理念と呼ぶことができるし、これらは全経験の全体における悟性使用をもろもろの原理にしたがって規定するであろう」(『純粋理性批判』、弁証論、第二章「超越論的理念について」〔岩波版全集、第五巻、三四頁〕)。

〔16〕四つのカテゴリーのうちの三つ目、内属性と自存性/原因性と依存性/相互性を指す。

〔17〕「象徴的に符合する」と翻訳したのは、symboliser avec という古い表現で、「…と調和・符合する」という意味だが、ドゥルーズはこれを、その他動詞としての意味、「…を象徴する」も込めて使用している。この段落の末尾を参照されたい。また、原註15にて、そのようなドゥルーズの解釈の根拠が説明されている。

〔18〕『純粋理性批判』、方法論、第二章「純粋理性の基準」、第三節「臆見と知識と信仰について」〔岩波版全集、第六巻、一一〇頁〕。なお、この引用には問題がある。ここで「共通感覚」と翻訳された語は、ドゥルーズの引用では sens commun となっているが、カントの原文では、gemeiner Verstand であり、ドゥルーズが本書で取り上げている Gemeinsinn/sens commun〔共通感覚〕とは異なるからである。gemeiner Verstand には「普通の悟性」や「常識」などの意味がある。ドゥルーズの利用した翻訳は、後者の意味を表現するべく、それを sens commun と翻訳しているのだろう。sens commun は、カントの翻訳では「共通感覚」の訳語として用いられるが、一般には「常識」を意味するからである。

〔19〕デカルトの言う観念の「明晰と判明 clair et distinct」、ヒュームの言う印象の「勢いと生気 force and vivacity」を指す。

〔20〕『判断力批判』、§40〔岩波版全集、第八巻、一八三頁〕。

〔21〕『判断力批判』、§40〔岩波版全集、第八巻、一八三頁〕。

〔22〕本節がいわば第一章の結論である。次節は、次章へのつなぎであり、『実践理性批判』が出てくる必然性を論じている。

〔23〕感性の対象となる現象（フェノメノン）に対し、感性ではなくて知性によってのみ捉えられる——とはいっても、認識することはできない——可想物を、カントはヌーメノンと呼んだ。一言で言えば、物自体のこと。

第二章

〔1〕尚、そのようにして規定されるのが、「感受的 pathologique/pathologisch」であると言われる。

〔2〕「ヌーメナ」は「ヌーメノン」の複数形。

〔3〕「可想的 intelligible/intelligible」とは、認識することができず（つまり感性によって受けとられることができず）、知性によって思惟される他ないことを意味する。「超感性的」や「ヌーメノン的」とほぼ同義。「知性的」とも訳されるが、これだと「知性を有している」という意味で受けとられかねないので、上記のように訳出した。ただし、「知性によ る」という意味の場合には、「知的」とし（「知的満足」）、神に関する場合には「叡智的」とする（「叡智的作者」）。

〔4〕認識において、現象は感性とのみ直接の関係を持つ。感性は現象を受けとるだけであ

る。だが、自由が行使される場合には、自由は物自体に直接関係するため、その物自体に対応する現象は、「能動的で自発的な諸能力」の作用を受けることになる。

〔5〕 われわれが物自体に参画しているということ。

〔6〕 悪がなされることの原因には、快・不快といった感性的なものが存在するから。

〔7〕 自由は自由意志の存在を保証し、自由意志は道徳法則に反した選択を可能にしている。道徳法則に反した選択をする際、その選択の原因は、感性的な快や不快に求められる。つまり、そのような選択をする際、われわれは、自らを規定する法則を、感性から借用していると言うことができる。

〔8〕『純粋理性批判』、弁証論、「超越論的理念について」〔岩波版全集、第五巻、三八頁〕。

〔9〕『実践理性批判』、弁証論、「実践理性の二律背反の批判的解消」、岩波版全集、第七巻、二九二頁。論点窃取とは、結果として出てくるべきものを、あらかじめ前提してしまうこと。道徳的行為のもたらす満足は、欲求能力が法則によって規定されることそのものに他ならない。だが、ひとたびこの満足が得られると、それはまるで感覚的な快、幸福と混同され、更には、「満足が得られるから、道徳的に行為しなければならない」という形で道徳的動機とも混同されてしまう。行為の結果が、あらかじめ前提されてしまうのである。

〔10〕「全体化 totalisation」とは分かりにくい言い方だが、完成というような意味で用いられている。実践理性は、幸福のために徳を求めることも、徳が幸福の原因であったと考えることもどちらも認められないというアンチノミーを提起する。カントが出している例が分かり易い。前者はエピクロス派的な考えであり、幸福へと到る徳の確立を目指す。後者

はストア派的な考えであり、徳を意識していることが幸福であると主張する。カントによれば、彼らの間違いは、徳と幸福という本来甚だしく種類を異にする二つの要素をたやすく結びつけたことにある。徳と幸福は異質である。その異質であるものが総合されねばならない。アンチノミーはそれをわれわれに強いる。そうして、意志を直接に法則によって規定するという解決が現れる。有名な「汝の意志の格率が、いつでも同時に普遍的立法の原理として妥当するように行為せよ」という法則である。その時、アンチノミーをその一部とする道徳の全体が現れ、完成する。

〔11〕物自体と現象、超感性的なものと感性的なもの、超感性的自然と感性的自然、いくつかの名で呼ばれているこれらの二つの領域の間には、「大きな裂け目」がある。道徳的な自由な行為は、物自体に直接働きかける。したがって、ここでは、直観する能力としての感性が果たす役割はない。実践理性と感性の関係についてはまず一方でこのように言うことができるわけだが、他方で、それでは片づけられない関係を考えねばならない。それが次段落の述べるところである。

〔12〕物自体と現象の間には「大きな裂け目」があるけれども、現象はやはり物自体の現象である。道徳的な自由な行為が、物自体に直接働きかけるのならば、この自由な原因によってもたらされた結果は、現象の中に現れる。つまり、それは感性の対象になる。物自体という可想的なもの——認識はされないが、思考されねばならない領域——の中で行われる行為の結果は、現象という感性的なものの中で認識される。二つの領域を厳格に区別した上で、しかし、結局は一つの領土しか存在しないことを認めなければならない。この領

士をカントは経験と呼んでいる。

〔13〕「実然的 assertorique/assertorisch」は、『純粋理性批判』分析論「判断における悟性の論理的機能について」の中の「判断表」に現れる語。「AはBでありうる」が「蓋然的 problématique/problematisch」、「AはBでなければならない」が「必然的 apodictique/apodiktisch」、そして「AはBである」が「実然的」である。「神が存在する」とか「自由な因果性が存在する」とか「魂は不死である」などは、経験的に認識されるものではないから、それ自体では蓋然的だが、実践理性の要請によって、それは「信仰」として、実然的な命題であるとされる。これは、実践的要求が認識より上位に置かれていることを意味するのであり、その意味でドゥルーズは、「思弁的関心が実践的関心の下位に置かれ〔…〕」と述べている。

第三章

〔1〕カント曰く、あるものを前にして、「これは私にとっては美しい」と言うのは「笑止」である。なぜなら、その人にとってのみそれが好ましいのであれば、それを美と呼んではならないからである。したがって、「これは美しい」と言う時、人は、自分自身に対してだけでなく、他のすべての人に対しても判断しているのであり、彼らの同意を要求している。自らの判断が客観的・必然的・普遍的であることを求めている（『判断力批判』、分析論、第七節〔岩波版全集、第八巻、六七〜六九頁〕参照）。

〔2〕美的判断は、なんらかの既成概念に一致するから美であると判断するのであってはな

らない。美的判断は、そのたびごとに、個別的に、個人的に、主観的に行われなければならないし、そうである他ない。そのことが、「美的判断の客観性は概念を欠く」と説明されている。

〔3〕 前節参照。

〔4〕「これは美しい」という判断も、「これは好ましい」という判断も、ともに個人的で主観的な趣味判断である。だが、後者がそこに留まるのに対し、前者は更に普遍性を要求する。これが単なる快適さの判断と美的判断の違いである。ところで、美的対象は、構想力に対して、多様なものの集まりを含む形式を与える。趣味判断においては概念が前提されえないから、構想力はこれに対して「概念なしで図式化する」。ドゥルーズの言い方で言えば、「反省」を加える。構想力は概念によって拘束されておらず、したがって自由であるわけだが、たんに好き勝手に反省するのでは、普遍性は獲得できない。よって、悟性から、何らかの合法則性を借りる。ただし、法則を借りるのではない（少し前で、美的判断における構想力が、「規定された悟性概念ではなく、諸概念一般の能力としての悟性そのものに関係している」と言われているのはそのような意味）。この時、うまくいくと、自由に反省している構想力と、あらかじめ有している概念を与えるのではない悟性とが、一致・調和する。それが、「自由なものとしての構想力と、無規定なものとしての悟性との一致」であり、「諸能力間の、それ自身で自由で無規定な一致」である。

〔5〕 序章で説明された、表象の特殊な源泉としての能力のこと。感情能力はいかなる表象の源泉にもならない。

〔6〕ここで既に、本章および本書の結論につながる議論が呈示されている。三批判は、諸能力の一致を絶えず問題にしている。思弁的関心（『純粋理性批判』）においては、その一致を悟性が主導し、実践的関心（『実践理性批判』）においては、理性が主導した。だが、そうした一致が可能であるためには、諸能力がそもそも生のままで一致可能でなければならない。諸能力の一致可能性が最初の前提になっていなければならない。それ故、諸能力の自由で無規定な一致を論じた『判断力批判』こそは、他の二つの〈批判〉を補うのではなくて、基礎付けるものだとドゥルーズは述べるのである。

〔7〕「崇高」とは、絶対的に大であるものに対して我々が抱く、尊敬・賛嘆・畏怖といった感情のことである。美が心の平静を保持するのに対し、崇高は心の動揺をもたらす。少し後でドゥルーズも言及しているように、カントは崇高を二つに分けた。一つは、あまりに広大で認識の限界を超えているものによって引き起こされる数学的崇高。こちらは、認識能力に関わる。たとえば、ピラミッドは、遠ざかれば全体が見渡せるが、すると積み重ねられた一つ一つの石の表象がぼやけてしまい何らの美的効果をもたらしえないし、近づけば今度は、下から上までを見終わるまでに時間がかかるので全体の総括が完全には行えない。つまり、それは構想力の限界を超えている。もう一つは、圧倒的な威力を示すと同時に、我々がその威力からいかなる強制をも受けていない場合に感じられる力学的崇高。こちらは欲求能力に関わる。たとえば、頭上からいかにも落ちかからんばかりの岩石、すさまじい破壊力の火山、惨憺たる荒廃を残す暴風。われわれは安全な場所にいさえすれば、その光景が恐ろしいものであればあるほど、その光景にひかれ、そこに崇高を感じる。そ

れは、普段自分が気にかけているなにもかもがちっぽけなものに思えてしまう、そんな感覚である。どちらも、不快であるにもかかわらず、快であるような感覚である（『判断力批判』、「崇高なものの分析論」〔岩波版全集、第八巻、一一二頁以降〕参照）。

〔8〕ドゥルーズは本章冒頭で、美的判断において行われる一致、すなわち、「自由なものとしての構想力と、無規定なものとしての悟性との一致」こそは、「諸能力の自由で無規定な一致」であり、それが『純粋理性批判』と『実践理性批判』とにおける諸能力の一致を基礎付けるものであると指摘した上で、このような基礎は、仮定されるだけで十分なのか、と問うた。この一致の発生そのものが問われねばならないのではないかと問うた。崇高の分析論は、理性と構想力の一致を仮定するだけでなく、それが生成する場面を描いているという意味で、この問いを考えるためのヒントになっている。『判断力批判』でも、「崇高なものの分析論」は、自らヒントになることを願っているかのように、「純粋な美的判断の演繹」の直前に置かれている。

〔9〕「自然美は、たとえ形式に関しては芸術美によって凌駕されるとしても、それでも自然美だけが直接的関心を引き起こすという点では芸術美に優っている。芸術美に対する自然美のこの優越性は、自分の人倫的感情を開花してきたすべての人間の純化された根本的な考え方と合致する。美術の諸産物についてきわめて正確で繊細に判断する十分な趣味をもつひとは、虚栄心や、いずれにしても社交的な喜びを保っているあの美が見出される部屋をあえて立ち去り、自然の美に向かい、ここでけっして完全には展開することのできないある思想の過程のうちで自分の精神に対していわば悦楽を見出すとすれば、われわれは、

このひとのこの選択を尊敬をもって眺め、かれのうちに美しい魂があると前提するであろう。芸術通や愛好家は、これらの対象に対してもつ関心のゆえに、この美しい魂を要求することはできないのである」（『判断力批判』第四二節〔岩波版全集、第八巻、一八八～一八九頁〕）。

〔10〕普遍的なもの（規則や原理や法則）があらかじめ与えられていて、特殊なもの（個々の事例等）をそれに合致するものと判断するのが規定的判断力。特殊なものだけが与えられ、それのための普遍的なものを自ら見出さねばならない判断が反省的判断力。『判断力批判』は後者を扱っている。

〔11〕「統制的 régulatif/regulativ」は、「構成的 constitutif/konstitutiv」と対で使われるカント用語。構成的原理といえば、認識を、一切の可能的経験の限界を超えて拡張するための原理を指し、対し、統制的原理は、与えられた諸条件のもとで何をなすべきかを教える原理である。有り体に言えば、構成的とは認識そのものを形づくること、統制的とは認識を方向付けることを指す。理性の理念とは、魂と世界と神の三つを指し、それらは、経験的領域での悟性の働きを方向付けるための統制的原理である。だから理性の理念は、経験的領域で「これ」と名指せるような対象、「規定された対象」を持たない。

〔12〕ここで「物理神学」と訳された théologie physique は、カントのテキストでは、Physikotheologie。「自然神学」と訳されることもある。岩波版全集、第九巻、『判断力批判』下巻、二七九頁、訳註二〇を参照されたい。

〔13〕『純粋理性批判』、弁証論、付録、「人間理性の自然的弁証論の究極意図について」〔岩

波版全集、第五巻、三六五頁〕。

〔14〕 同前〔三六六頁〕。

〔15〕 本章「判断力はひとつの能力であるか?」の節を参照。

結論

〔1〕 たとえば、カントの〈批判〉においては、諸能力の一致とそれを主導する能力がたえず問題となっているわけだが、思弁的関心においては悟性が主導し、実践的関心においては理性が主導するといったように、体系が決まっていて、そこに領域ごとに別の要素がはいり込むような形になっているということ。ドゥルーズが前章より指摘しているのは、この体系そのものの可能性を支えているのが『判断力批判』だということである。

訳者解説

本書は、Gilles Deleuze, *La philosophie critique de Kant*, Press Universitaire de France, Coll. «Quadrige», 2004, c1963 の全訳である。

ジル・ドゥルーズの書誌の中での本書の位置づけを確認しておこう。初版の出版は一九六三年。ドゥルーズの最初の単著であるヒューム論『経験論と主体性』は一九五三年に出ているが、その後の八年間は、書評や研究論文が発表されただけで、著書が出版されることはなかった。この沈黙の時期を破ったのが、一九六二年の『ニーチェと哲学』である。『カントの批判哲学』はその翌年に出版された。ドゥルーズはその後、『プルーストとシーニュ』(一九六四年)、『ニーチェ』(一九六五年)、『ベルクソニスム』(一九六六年)、『ザッヘル・マゾッホ紹介』(一九六七年)、『スピノザと表現の問題』(一九六八年)といったモノグラフィーを毎年、矢継ぎ早に発表し、そのまま主著というべき二冊の書物、『差異と反復』と『意味の論理学』(共に一九六九年)へと辿り着く。したがって、本書は、ドゥルーズが自らの思考を加速するかのように次々と自著を世に問い始めた時期のちょうど頭に位置していると言うことができる。

同じく一九六三年には、『美学雑誌』に「カント美学における発生の観念」が掲載されている（«L'idée de genèse dans l'esthétique de Kant», *L'île déserte et autres textes*, Ed. Minuit, 2002［邦訳、『無人島 1953-1968』、河出書房新社、二〇〇三年］）。こちらは、本書のエッセンスを凝縮した論文であり、論旨も明快であるので、併読されることをお勧めする。

その他、カントについてのドゥルーズの文章としては、一九八六年に発表された「カント哲学を要約してくれる四つの詩的表現について」がある（«Sur quatre formules poétiques qui pourraient résumer la philosophie kantienne», *Critique et clinique*, Ed. Minuit, 1993［邦訳、『批評と臨床』、河出書房新社、二〇〇二年］）。

また、AならAnimal（動物）、BならBoisson（飲み物）といったぐあいに、アルファベット一つ一つにテーマを与えてドゥルーズが話をしていく映像作品『アベセデール』が晩年に撮影されたが、その中でKに与えられたテーマがKantである（*Abécédaire de Gilles Deleuze*, Editions Monparnasse, DVD, 2004）。その中では、カントによる時間概念の転換というテーマが語られている。

なお、本書の基礎となったのは、自らが行ったカントについての講義であると思われる。ドゥルーズは一九五〇年代の終わり頃、ソルボンヌで何度かカントについての講義を担当している（最近出版されたフランソワ・ドッスによるドゥルーズとガタリの評伝を参照されたい。François Dosse, *Gilles Deleuze et Félix Guattari, Biographie croisée*, La découverte, 2007, p. 152）。

本書には、一九六三年に初版が発行された際、「諸能力の理説 doctrine des facultés」という副題が付けられていた。今回底本とした、二〇〇四年発行のカドゥリージュ版には、この副題が見あたらない。普及版であるから、編集部の判断でタイトルをシンプルにしたのかもしれない。本訳書では、底本を尊重して副題はいれなかったが、後に見ていくように、この副題は、ドゥルーズによるカント研究の中心問題を明快に伝えるものである。読者には、頭の片隅にこの副題を置いておくことをお願いする。

＊

『カントの批判哲学』は、カントの数ある著作の中から、「三批判」と呼ばれる三つの著作、『純粋理性批判』、『実践理性批判』、『判断力批判』を取り出し、それらが形成している一つのシステムを描き出した書物である。研究者が指摘するようにカントの主著を確定するのは意外と難しい（たとえば、坂部恵『カント』、講談社学術文庫、一九六頁、および、熊野純彦『カント――世界の限界を経験することは可能か』、NHK出版、一一六頁を参照されたい）。だが、「カント哲学」と言えば、それは一般に、彼の「批判哲学」を指すのであって、上の三つを主著とするのが無難かつ妥当な判断である。したがってドゥルーズのこのカント研究は、カント哲学の中心部を扱った書物であり、その限りでは非常にオーソドックスなものだということができる。

だが、内容に踏み込むならば、このような形容がどこまで妥当であるかは疑わしいものとなるだろう。本解説では、その点に注意しながら、二つの視点から本書を解説していきたい。二つの視点は、本書について少なくとも考えうる二つの読み方に直結している。一つは、カント哲学を解説した教科書として読むやり方。もう一つはドゥルーズ哲学の形成の一契機を証言する書物として読むやり方。本書は一応、カント哲学の概要を手っ取り早く知るのに役立つ。だが、筆者の考えでは、そのような効用はあくまでも本書の試みの副産物であって、むしろドゥルーズはここで、自らの哲学を形成するにあたっての重大なプロジェクトに手をつけている。以下、それを出来るだけ簡単に見ていきたい。

1. カント哲学の教科書としての『カントの批判哲学』

ドゥルーズが本書で試みているのは、三批判を一つのシステムとして描き出すことである。ここでシステムとは、非常に強い意味で理解されなければならない。三批判が一体を成しているというのは、『純粋理性批判』、『実践理性批判』、『判断力批判』を一読しなくてもおおよそ理解できることである。カントによれば、哲学は、認識能力を論じる理論的哲学と、欲求能力を論じる実践的哲学という二つの主要部門に区別され、認識能力と欲求能力の間には判断力が介在する。つまり、『純粋理性批判』と『実践理性批判』との間を取り持つのが『判断力批判』であり、三つの批判は互いに結びついている。

だが、ドゥルーズが描き出そうとしているシステムとは、単に、一体というようなまとまりを意味しているのではなく、一定数の能力のそれぞれが項となって組み合わさってできた体系、しかも、その組み合わせが各批判において変化する、そのような体系を意味している。ドゥルーズ自身は、これを、「諸要素を相互に交換できるひとつの真なる置換体系〔un véritable système de permutations〕」と呼んでいる（本書、一三八頁）。各批判において、理性、悟性、構想力の三つの能動的能力は、それぞれ役割をあてがわれているが、その役割は批判毎に変化する。言い換えれば、これら三項の関係が、認識・欲求・感情といった能力行使に準じて変化する。そして、どの能力行使においても、問題になるのは同一の項である。パーツの組み合わせ次第で、全く異なる事を為しうる。これがドゥルーズの注目する置換体系の意味するところだ。

このシステムを構成する基本的要素は、「能力〔faculté/Vermögen〕」である。それ故、本書はかつて、「諸能力の理説」をその副題とし、また、序文において、「能力」の意味を確定するところから話を起こしているのである。

能力の意味について論じた箇所は重要であるから、簡単に確認しておこう。ドゥルーズは「表象〔représentation/Vorstellung〕」をキーワードにして、能力の二つの意味を区別する。

第一に能力は、表象と主体／客体との関係において規定される。つまりそれら関係の数だけ能力がある。1．認識能力、2．欲求能力、3．感情能力（快・不快の感情）。

第二に能力は、表象の源泉として捉えられ、この場合には、表象の種類の数だけ能力があることになる。1．直観の源泉としての感性、2．概念の源泉としての悟性、3．理念の源泉としての理性。

ここまで区別したところで、ドゥルーズは、キーワードになっていた表象を再定義する。これはかなりフランス語に寄りかかった説明で、ドイツ語では同じようには行かないのだが、表象 représentation とは、再＝呈示 re-présentation であり、したがって、呈示されたものそのもの、「自己呈示するもの ce qui se présente」を積極的に取り戻すことだ、とドゥルーズは言う。言い換えれば、表象とは、呈示された多様なものの総合である。したがって、厳密には、直観は表象ではない。それは総合以前にあるからだ。そして、総合を行うのは、構想力と呼ばれる能力である。すると、表象の源泉（能力の第二の意味）に基づく区別は、直観的感性と、厳密な意味で表象の源泉である諸能力との区別を経て変更されねばならない。かくして、感性という一つの受動的能力と、構想力、悟性、理性という三つの能動的能力が得られることとなる。これらが、『カントの批判哲学』を演じるアクターである。これら四つの能力、主として能動的能力の三つが、先に述べた、ドゥルーズの注目する置換体系の構成要素となる。

能力の第一の意味は、理性の関心が何であり、何に向かっているのかを説明する。その関心がどう実現されるのかを説明するのが、第二の意味での諸能力（構想力、悟性、理性）の組み合わせである。ドゥルーズは、認識能力、欲求能力、感情能力のすべてにおいて、第二の意味での諸能力のそれぞれがいかなる役割を果たしているのかを説明していく。それは、繰り返すが、ドゥルーズが三批判の成す置換体系に注目しているからである。たとえば、カント哲学の入門書であれば、欲求能力つまり理性の実践的関心において悟性の果たす役割が説明されることはあまりない（たとえば、カント哲学の参考書としていまもなおスタンダードな位置にあると思われるカッシーラーの『カントの生涯と学説』は、各批判について本書よりも詳細な解説を行っているけれども、そこでも、「批判的倫理学」における悟性の役割が悟性の役割として説明されることはない。E．カッシーラー、『カントの生涯と学説』、みすず書房、一九八六年）。定言命法やカント的な善の意味、道徳律に対する尊敬の情などが主たる説明対象だろう。だが、ドゥルーズはそうした点は簡単にしか、あるいは、ほとんどふれず（かの有名な定言命法についての説明は皆無だ）、しかし、欲求能力における悟性の役割は事細かに説明する。ドゥルーズは、かくのごとく、ひたすら、それぞれの場合において各能力が果たす役割を記述していくのである。

これが『カントの批判哲学』という書物を、カント哲学の教科書として読む際に現れる異様さである。確かにそれはそれで教科書の役割を果たすだろう。すべてを一つのパースペクティヴに収めようとするドゥルーズの読みは、読者の頭の中を整理してくれる。だが、三批判を諸能力の置換体系へと還元する試みは、ほとんど強迫的に遂行されている。ドゥルーズの整理は、見事と言って片づけられるものではない。

おそらく、このような試みが企てられたことの意味を考えるためには、本書のもう一つの読み方の説明へと踏み込まねばならない。というのも、この試みは、教科書を書くために、つまり、三批判の体系を手短に説明するための要約として行われたのではないからである。だが、その点は先に譲るとして、ここではもう少し本書を「教科書」として読んでみよう。認識能力、欲求能力、感情能力の三つの場合において、第二の意味での各能力がどのような役割を果たしているのかを簡単に整理しておくことは、読者の一助となるだろう。多少の補足説明も加えながら、以下でそれを試みたい。

a. 認識能力の場合(『純粋理性批判』)

上で筆者が、「諸能力の組み合わせ」と仮に呼んだものは、カント哲学あるいは本書の言い方では、諸能力の一致、あるいは、共通感覚と言われる。各関心において各能力は共同作業に入る。共通感覚とは、各能力が共同作業に入るということの事実のことである。

『純粋理性批判』は論理的な共通感覚を、『実践理性批判』は道徳的な共通感覚を、『判断力批判』は美的な共通感覚を定義する。カントの考える諸能力は、共通感覚を形成することによって作動している。ドゥルーズはこの点にこそ、カントの批判哲学の要石があると考えた。その際、注目されるのは、各共通感覚が作動する様式であり、各共通感覚が形成される仕方であり、そして、共通感覚というものそのものの起源である。『純粋理性批判』の描く思弁的関心の場合について、各能力の役割を列挙すると次のようになる。

主導的立場に立って諸能力の一致をもたらし、立法行為を行うのは、悟性である。構想力は、感性の受けとった直観について、総合と図式化を行って、それを表象にする。悟性は、表象に自らの有する概念を適用して判断を下す。理性は、概念を用いて推論を行うために、経験を超え出る理念を形成して、悟性を支える。

『純粋理性批判』は、一般に、認識論におけるコペルニクス的転回を遂げた書物として知られている。それまでの認識についての理論は、主体と客体の一致という考えに基づいていた。これはより詳しくいえば、既に存在している客体への主体の一致、事物への観念の一致を意味する。カントはそれに対して有名な破産宣告を下した。「我々はこれまで、我々の認識はすべて対象にしたがって規定されねばならぬと考えていた。しかし我々がこのような対象に関して何ごとかをア・プリオリに概念によって規定し、こうして我々の認識を拡張しようとする試みは、かかる前提のもとではすべて潰え去った」。そして次のように提案するのである。「そこで今度は、対象が我々の認識にしたがって規定されねばならないというふうに想定したら、形而上学のいろいろな課題がもっとうまく解決されはしないかどうか、ひとつ試してみたらどうだろう。〔…〕この事情は、コペルニクスの主要な思想と全く同じことになる。コペルニクスは、すべての天体が観察者の周囲を運行するというふうに想定すると、天体の運動の説明がなかなかうまく運ばなかったので、今度は天体を静止させ、その周囲を観察者に廻らせたらもっとうまくいきはしないかと思って、このことを試みたのである」(『純粋理性批判』、第二版序文)。

ここで注意するべきは、コペルニクスが、動いていた太陽を止めて、止まっていた地球を動かしたのではないということである。実際、太陽も、太陽系より大きな系において見るなら、「動いている」。コペルニクスが発見したのは、各天体の運行を関係において捉えるという視点である。観察者を動かしてみたら、うまくいかなかった説明がうまくいった。カントもうまい言い方で、すべての天体を、観察者を中心にして運行させると「天体の運動の説明がなかなかうまくいかなかったので」と述べている。

しばしば、カントのコペルニクス的転回は——まるでコペルニクスが、動いていた太陽を止めて、止まっていた地球を動かしたかのように考えて——客体の支配から主体の支配への移行のように捉えられることがあるが、ドゥルーズはこれを「主観的観念論」の誤りとして厳しく糾弾し、カントの哲学は「経験的実在論」であると強く主張する（本書、三六頁）。これは、簡単に言えば、物自体が、我々が何をしようととにかく実在していることを意味する。我々は、物自体ではなくて、その現れ、現象に対し、法則を当てはめて、これを認識している。たとえば、太陽は動いているとも止まっているとも言えないが（物自体は認識できない）、とにかく天体は運行しており、そして、コペルニクスのようにそれらの運動を関係性において捉えた上で、観察者をも廻転させてみるなら（現象は悟性の立法行為の対象となる）、それらの運動がうまく認識できる。物自体と現象を区別し、「主体と客体の調和という理念（合目的な一致）に代えて、客体の主体への必然的従属の原理を置くこと」（本書、三五頁）。これによって、カントは認識論の歴史における重大な一歩を踏み出した。

しかし、実のところ問題はここから始まるのだと言わねばならない。ドゥルーズが明確に指摘するように、ここでは論点が、主体と客体の一致という外部的関係の問題から、主体内での諸能力の一致という内部的関係の問題にずらされただけだとも言いうるからである（本書、五一頁）。感性が受けとったもの（多様なもの）は、どうして、構想力という媒介があるにせよ、悟性のもつ一般的な概念に適用されるのか。つまり、どうして、感性と悟性が一致できるのか。コペルニクス的転回によってもたらされたカントの革命的な認識論は、その内部に、諸能力の一致という爆弾を抱えている。かくして、『純粋理性批判』

の諸テーゼは、諸能力の一致という問題に収斂していくことになる。

b. 欲求能力の場合（『実践理性批判』）

認識能力の作用をまとめ直すと次のようになる。実在する事物そのもの、物自体ではなくて、その現れ、現象だけが認識能力に従属する。従属するとは、ここで、構想力によって総合された現象が、悟性の諸概念に従属することを意味する。言い換えれば、悟性が現象に対して立法行為を行っている。理性はその時、現象には適用されない。理性は、経験の可能性を超え出るような諸々の理念を形成することで悟性をバックアップしている。つまり、認識能力においては、理性は、その権限を悟性に手渡している。これは理性の潔い態度のようにも見えるが、しかし、ドゥルーズの多少愉快な表現を借りて言えば、「その本性がどれほどよいものであろうと、理性にとって、自らの思弁的関心への配慮を断念せねばならないということ、悟性に立法的権能を委ねるということは不愉快なことである」（本書、五八頁）。

実のところ、理性がここでおとなしくしていられるのは、自らが優位に立つことのできる、別の関心を抱いているからである。その関心は、実は、物自体へと向かっている。この関心こそが理性の実践的関心に他ならない。

実践的関心における、各能力の役割を列挙すると次のようになる。

ここで主導的立場に立って諸能力の一致をもたらし、立法行為を行うのは、理性である。理性は、自由という理念に基づいて、物自体に対して立法行為を行う。悟性は、ある行動が道徳法則に適合しているのかを判断する。構想力は、美と崇高を通じて、感性的自然における合目的性の存在を明らかにし、一見したところ単に信仰に寄りかかっているように見える道徳意識を陰で支える。

『実践理性批判』とは、一言で言えばカントの倫理学である。この倫理学は、「……ならば……せよ」という仮言命法を排し、「ただ絶対的にこのような仕方で行為すべし」と命ずる定言命法を掲げたこと、そして、唯一の定言命法として掲げられた「汝の意志の格律が、常に同時に、普遍的立法の原理として妥当するように行為せよ」によって知られている。

この倫理学の目指すところを理解するためには、それが何を斥けようとしているのかを考えてみるのがよい。その答えは、同書に現れる、ある一語に求めることができる。本訳書では「感受的」と翻訳されている pathologisch という語がそれである。パトローギッシュという語は、「病的な」とか「常軌を逸した」を意味するが、カントはそれによって、非倫理的なあらゆる行為を意味させている。カント倫理学が目指すのは、つまり、パトローギッシュでなくなることである。

興味深いのは、ここで、パトローギッシュが「正常」の反対語ではないということである。カントは、何らかの刺激を受けて行為すること、何かによって駆り立てられ行為すること、それらすべてをパトローギッシュと呼ぶ。つまり、我々が「正常」だと思っている行為は、そのほとんどが「病的《パトローギッシュ》」である。

では、どうすればこの「病」から立ち直れるか。カントの出した処方箋は次のようなものだ。欲求能力が、対象の表象に結びついた快・不快の感情によってではなく（つまり、「ここちよいからやる」とか、「ここちよくないからやらない」ではなくて）、純粋な形式の表象によって規定されるようになる（単に、「やらねばならないからやる」になる）こと。この「形式の表象」が、定言命法という形式、普遍的立法の形式である。

この形式は理性に属する。しかもこれは、演繹によって導き出されるのではない。これは実に有名なカントの主張だが、道徳法則の意識は単に一つの事実である。誰でも、「内なる道徳法則」を持つ。どんな悪人でも。悟性にはこの形式を思考することができない。悟性は、感性の諸条件に制限された対象の表象しか思考できないからである。理性は「内なる道徳法則」という事実を発見し、自分自身の中に自分自身を規定するものを見出す（つまり、パトローギッシュでなくなる）場合に、自律的な意志となる。

ここから、実践的関心において行われる立法行為の向かう先も分かってくる。先に我々は実践理性の立法行為が向かうのは物自体であると書いたが、それはより正確には、物自体に参画している理性的存在そのもののことだ。理性的存在、要するに人間が、自らの理性を用いて自らに対し立法行為を行う。ドゥルーズはこれを「立法者と臣民の同一性」といって説明していた（本書、六九頁）。

実践的関心において、理性は命令する。そして、ある行為がその命令に合致するものであるかどうかを判断するのは、悟性である。したがって、道徳的な共通感覚とは、理性の主導で起こる理性と悟性との一致である。

以上が道徳的共通感覚の主要な内容だが、実はここにはもう一人、陰の仕掛け人がいる。それが構想力である。「構想力はそれ自体が、実際に、道徳的共通感覚の一部をなしている」（本書、八九頁）。実践理性は超感性的自然（物自体）へと向かうが、しかしその行為の結果は感性的自然（現象）の中で実現されねばならない（そうでなければ倫理学である意味がない）。構想力は、美や崇高を通じて、感性的自然がそれに値するだけの高次の合目的性を備えていることを教え、道徳意識を陰で支えているのである。「内なる道徳法則」は確かに一個の事実であるのだが、それは構想力のお陰で、事実たりえているのだ。

ドゥルーズは、それを説明するにあたり、既に『判断力批判』の問題系に、すこしだが踏み込んでいる。たとえば第二章では、「構想力は、悟性の一定の概念に依存することなく自由に働くこともあれば、自らの限界を超え、自らを制限なき者と感じて、理性の諸〈理念〉に自らを関係づけることもある」と述べられているが（本書、八八～八九頁）、これは明らかに『判断力批判』が主題として論ずるところであり、単に冒頭から読み進めてきた読者には、いったい何が語られているのか、よく分からないかもしれない。だが、ドゥルーズがカントの三つの著作のそれぞれを順に説明しているのではなくて、三批判という一つのシステムを説明していることを念頭におけば、そのような叙述が現れる理由は理解できるはずである。

c. 感情能力の場合（『判断力批判』）

ドゥルーズはここまで、二つの批判に基づいて、両共通感覚が作動する様式、両共通感覚が形成される仕方を説明してきた。だが、根本的な問題が未解決のままである。それは、共通感覚そのものの起源、すなわち、どうして共通感覚を形成することが可能なのかという問題である。ドゥルーズが強調するように、カント哲学の最も独創的な点の一つは、諸能力の間に本性上の差異を見いだすことにある（本書、五〇頁）。本性上異なる諸能力がどうして一致できるのか。確かに、思弁的関心の場合には悟性が、実践的関心の場合には理性が、一致のために尽力している。だが、本性上異なる諸能力がそもそも一致可能であると前提されていなければ、このような尽力も無に帰する他ない。

三批判というシステムにドゥルーズが見いだした最大の問題がこれに他ならない。その問題提起は既に第一章で行われている。ドゥルーズのカント読解は、つまり、最初から最後までこの問題に沿って行われていると言うことができる。最初の二つの批判は、諸能力の一致の起源を説明できない。それらは、諸能力の一致を基礎づけることができず、単にそれを指摘し、究極の課題であるかのように呈示するだけである（本書、五二〜五三頁）。同じく既に第一章で種明かしされているように、この問題への答えが見いだされるのは『判断力批判』においてである。

『判断力批判』に描かれる諸能力の役割を概観すると次のようになる。

ここでは、主導的立場に立って諸能力の一致をもたらす能力は存在しない。構想力は悟性による規定から逃れて、自由に振る舞う。悟性は規定された概念なしで作動する。これらの両者が一致した時に、美的判断力と呼ばれるものが成立する。主導的立場に立つ能力はないが、立法行為を行う能力は存在する。それが判断力である。但し、判断力は、確かに一つの能力ではあるものの、それは諸能力の一致としてのみ存在するのであって、悟性や理性とは位置づけが異なる。また、立法行為を行うといっても、対象は存在せず、ただ自らに対してのみ立法行為を行う。

カントは、あらゆる能力行使について、高次の形態と低次の形態とを区別している。低次とは、経験に依拠していることを意味する。単なる経験則を超えて、理性による推論にまで到達すれば（ア・プリオリな総合的判断を下せるようになれば）、認識能力は高次の形態にある。経験によって知られた快・不快を超えて、「内なる道徳法則」を発見し、それによって立法行為を行えるようになれば（パトローギッシュでなくなれば）、欲求能力は高次の形態にある。では、三つ目の感情能力についてはどうか。

感情能力とは快・不快の感情のことである。では、その高次の形態、要するに、レベルの高い感情とは何か。カントの有名な答えは、無関心な感情というものだ。感情能力は、無関心であるときに、高次のものとなりうる。ここで、無関心とは、何ものにも目を向けていない放心状態のようなことではなくて、どうしても目を向けてしまう領域があらかじめ決まっていないということを意味している。認識能力は現象に目を向けており、欲求能力は物自体に目を向けていた。つまりあらかじめ自分の領域を持っていた。しかし「感情能力には、領域というものがない」(本書、九九頁)。

高次の快は、まず、「これは美しい」という判断そのものの快として現れるが、この判断は常に個別的で主観的である。美しさにはあらかじめ決められた規則、これに合致すれば美であると言えるような規則が存在しない。「バラというものは一般に美しい」という命題になると、これは論理的な判断になってしまう。美的判断はそこから区別されたものとして理解されねばならない。

ここで、『判断力批判』における最もスリリングな逆説的論点が現れる。「これは美しい」という判断が高次の快と言えるのは、その判断そのものが普遍的だからである。「これは美しい」という時、われわれは「これは私にとっては美しい」と言っているのではない。逆に言えば、そのようなことを意味しているのなら、美的判断を下したことにならない。高次の快は、普遍的な判断を下すという作用そのものの快として定義されるからだ。では、普遍的とはどういうことか。それは、誰にとってもそうであるはずであり、そうでなければならない、そのようなもののことである。つまり、われわれは美的判断を下す際、実は同時に、その判断を他人に強制している。カントが言うように、「この種の判断においては、他の人たちがわれわれと異なる意見を持つことを許さない」(『判断力批判』、第二二節)。しかし、にもかかわらず、美的判断はやはり個別的で、主観的でしかありえない。これが美的判断に取り憑く逆説である。

では、そのような判断はいかにして下されるのか。感性より受けとった直観を、構想力は図式化する。だが、その際、構想力はもはや悟性の概念に向けてそれを行うのではない。美的判断においては、既存の規則、既存の概念は役に立たない。したがって構想力は、悟性の指導、悟性の概念から解放され、表象の形式を自由に反省する。だが、自由に反省しているだけでは、美的判断にまで到達できない。構想力による反省は、判断たりうるための何らかの原理を必要とする。その原理を与えるのが悟性である。但し、悟性は認識能力の場合のように自らに固有の諸概念を用いることはできない。したがって、自由なものとしての構想力が、規定済みの諸概念に頼らない、無規定なものとしての悟性との協同作業に成功した時、美的な判断が下されることになる。

この美的共通感覚こそは、先の二つの批判において取り上げられた共通感覚の起源を考える上での鍵である。なぜならここでは、互いに異質であるはずの能力が、誰の主宰もなしで、自由に一致しているからである。互いに本性を異にする諸能力がそもそも一致可能であると前提できたのは、このような事実があったからである。「美的共通感覚は他の二つの共通感覚を補うのではない。むしろそれはこれらを基礎付ける、あるいは、可能にするのである。仮にすべての能力の間で最初からこの自由な主観的調和が可能でなかったなら、どれかひとつの能力が立法的で規定的な能力を担うこともなかっただろう」（本書、一〇三頁）。かくしてドゥルーズは、『判断力批判』が他の二つの批判を補う物ではなくて、それらを基礎付けるものであることを強調する。

さて、美的判断がどのようなものかは分かった。また、それが、先行する二批判において定式化された共通感覚を基礎付けるものであることも。しかし、われわれはここで次のように問わねばならない。では、そのような判断を下すことがなぜ可能であるのか。つまり、かくのごとき一致がなぜ起こりうるのか。そのような一致は全くの偶然である。偶然の一致を想定するだけでは不十分ではないか。このように問うてもよい。美的判断そのものは無関心である。なのに、なぜわれわれは美に向かい、美的判断を下そうとするのか。ここには、美的判断という諸能力の自由な一致の基礎付けの問題、すなわち、共通感覚そのものの基礎の問題が現れている。ここからドゥルーズは、これまで棚上げしてきた、共通感覚の発生の問題を問うこととなる。

ヒントは既に『判断力批判』に与えられている。カントは、美と並んで崇高について論じていたが、ドゥルーズによれば、その「崇高の分析論」には、発生の視点があるというのである。

美の感覚は構想力と悟性の一致によってもたらされた。対し崇高は、構想力と理性との一致によって起こる。但し、この一致は、不一致の中で起こる一致である。ものすごく大きなもの、ものすごく大きな力(それぞれ、数学的崇高、力学的崇高を誘発する)を前にしたとき、構想力はそれを把握しきれない。しかし、理性はそれを一つの全体にまとめあげることを、自らの理念によって構想力に強いる。とはいえ構想力にはそれは無理なのだから、理性の要求と構想力の能力との間で齟齬が生じる。構想力は自らの限界に直面し、理性の理念への近づきがたさそのものが、自然の中に現前していることを学ぶ。つまり、乗り越えられないものがあると学ぶことで、最初の乗り越えられなさを乗り越え、構想力は理性と一致するのである。その時、崇高という快が生じる。それはまずは不快として経験される。しかし、その不快の中で、快が生じるわけだ。

カントはここで、崇高の感情が発生するプロセスを描写していると言ってよい。構想力と理性との一致は想定されているのではない。では、これと同じ類の発生の原理を、美の感覚についても見いだせるだろうか。

答えを先に言えば、その発生の原理を用意するのは理性である。自然は、全くの偶然で、われわれに美的対象を差し出すことがある。理性は、美を産出するそのような自然の力に関心を持っている。美的判断そのものはまったくの無関心だった。だが、理性の有する、自然の資質に対する関心によって、われわれは自然へと向かう。そしてある対象を前にして、自由な構想力と無規定な悟性がうまく一致して協同すれば、美的感覚が発生する。つまり、美の感覚は、理性に促されて発生する。ここでは、したがって、二つの一致が問題になっていることが分かる。諸能力間の一致、つまり内的一致と、そうした諸能力と自然との一致、すなわち外的一致の二つの一致である。内的一致はもちろんのこと、外的一致もまたまったくの偶然で起こる。われわれは、「われわれの諸能力の全体と自然とが偶然に一致していることを結論しうるのみ」であり、「〈自然〉が美を産出する場合、〈自然〉の目的を探求しても無駄である」。「自然の資質は、目的なき力として、われわれの諸能力の調和のとれた行使に、たまたま適合するものとして現れる」（本書、一一〇頁）。

　以上を説明した後もドゥルーズの『判断力批判』についての解説は続く。カントの天才論が取り上げられ、その上で、「美学から目的論へ」と題して、上に見た二つの一致が目的論の問題から再定義される。だが、ここで一本の線を引いておくことにしよう。その後のドゥルーズのカント評価から見ると、ここまでで既に主要な論点は出揃っていると思われるからだ（ということは、これに続く議論は、その後のドゥルーズのカント評価において取り上げられなかったものだということでもある。この点については、ドゥルーズ哲学形成の一契機としての『カントの批判哲学』を論じた後で触れることにしよう)。

論点を整理すると次のようになる。――カントの考える諸能力はその一致、すなわち共通感覚によって作動する。だが、『純粋理性批判』と『実践理性批判』は、その一致を前提するのみであって、一致の発生、一致の起源について問うことがない。さて、諸能力は互いに本性上異なるものであるから、一能力の主宰のもとでの一致が起こるためには、諸能力がそもそも一致可能でなければならない。『判断力批判』は、美的共通感覚の分析を通じて、いわば、諸能力の一致の原型ともいうべき、諸能力の自由な一致を描きだした。更に、そこにはこの自由な一致の起源が説明されていた。それは理性の関心のもとで起こる、諸能力と自然との偶然の一致である。三批判の形成する「置換体系」は、この偶然によって支えられている…。

ドゥルーズは、つまり、三批判を、諸能力を項とするシステムへと還元し、それによって、そのシステムを基礎付けている一点を探し当てていると言うことができる。では、ドゥルーズはそれによって何をしようとしていたのか? このような読解はどこに向かっているのか? われわれは既に、「カント哲学の教科書としての『カントの批判哲学』」をはみ出す問題圏域に入っている。ドゥルーズ哲学にとってのカント哲学の位置を考えながら、以下、「ドゥルーズ哲学形成の一契機としての『カントの批判哲学』」についてみていくことにしよう。

2. ドゥルーズ哲学形成の一契機としての『カントの批判哲学』

a. いかなる意味でカントはドゥルーズの「敵」だったのか？

よく知られている発言だが、ドゥルーズは、とある文章の中で、カントが自分にとっての「敵」だったと述べている。カントについての本は、自分の他の本とはすこし違っている。あれは敵について書いた本だから…（«Lettre à un critique sévère», *Pourparlers 1972-1990*, Ed. Minuit, 1990〔邦訳、「口さがない批評家への手紙」、『記号と事件』、河出文庫、一七頁〕）。

「敵」とはいかなる意味であろうか。言うまでもなく、憎むべき、大嫌いな相手ということではない（そのようなものなら、同じ文章で述べられている、ドゥルーズが「大嫌いだった」ヘーゲル主義と弁証法をあげるべきである）。だいたいこの本のいったいどこにそんな情念が感じられるだろうか。かの発言は、ドゥルーズにとってカントが、直接に対決せねばならぬ相手であったことを告白するものとして捉えられねばならない。われわれは、多少乱暴に、次のような仮説を呈示したいと思う。カントこそは、ドゥルーズが自らの主著を世に問う以前の一九六三年の時点で、モノグラフィーを著すという直接的な仕方で乗り越えねばならぬ対象だった。その時点で、カント哲学は、過去に繰り広げられた諸々の哲学の中の一つなのではなくて、ドゥルーズが眼前に見据えている現在の哲学のフォーマットそのものを敷設した哲学だった。いま、哲学はカントが敷いた枠の中で動いている。その先に進むためには、この枠そのものを解体しなければならない。カントこそは、いまそこにいる「敵」である。

先のドゥルーズの文章を参考にしながら多少補足して固有名をあげていくなら、ドゥルーズが論じた哲学者には、カントの他、ルクレティウス、ヒューム、スピノザ、ライプニッツ、ニーチェ、ベルクソンなどがいるわけだが、その中でカントだけが「敵」と名指されたという事実は、この対象の特権的な地位を示すものである。おそらく、ドゥルーズにとって、ルクレティウス、ヒューム、スピノザ、ライプニッツらの哲学がもつ意味は、カント哲学がもつ意味とまったく異なっている。それらカント以前の哲学に、汲み出されるべき可能性が満載していることは言うまでもない。しかし、それらを汲み出す作業は、現在の哲学のフォーマットの中で行われる。そのフォーマットはカントが敷いた。ニーチェ、ベルクソンらの哲学は、そのフォーマットの中での新たな試みとして理解されるだろう。実際、『ニーチェと哲学』は、ニーチェの哲学をカント批判哲学の後継者として描いたものであったし、また、後に見るように、ベルクソンの哲学は、カント哲学を乗り越えるために独自の概念を発明していく際の梃子の役目を果たすことになるのである。

そして、そうした傍証より何より、『カントの批判哲学』という書物の書かれ方そのものが、ドゥルーズにとってのカント哲学の特権的な地位を証し立てていると言わねばならない。ドゥルーズの本の中で、本書のような仕方で書かれた本は一つもないからである。ドゥルーズは諸能力の置換体系という一つのシステムを極度に形式化された形で呈示し、その上で、そのシステムそのものを支えている基礎の一点、つまり、システムが自らで自らを基礎付けられなくなる点（諸能力の自由な一致を支える、諸能力と自然との偶然の一致）を明らかにしている。これは、イメージを喚起する言い方をすれば、脱構築に近い（ここで、「脱構築」とは、一つのシステムを形式化することでシステム内にある決定不能点を明らかにし、それによってシステム自体を自壊に追い込むという手続き一般のことをぼんやりと指していると考えていただきたい）。

ドゥルーズのモノグラフィーは、キーとなる概念やイメージやテーマを設定して、それをもとに、ある哲学者の思想の「全体」を再構築するという形で書かれている。キーとなるのは、たとえば、「ルクレティウスとシミュラークル」であれば「自然主義」というテーマであり、『スピノザと表現の問題』であれば「表現」概念であり、『ニーチェと哲学』ならば「批判哲学の後継者ニーチェ」というテーマであり、『襞――ライプニッツとバロック』ならば「襞」のイメージである。それによって、各思想家の根本的な企て、その方向性が明らかにされる。ドゥルーズの論述はその時、前に向かっている。しかし、『カントの批判哲学』では論述が下を向いている。ドゥルーズが批判哲学において問うているのは、徹頭徹尾、どうしてそういうことが言えるのかという問いだからである。

われわれは先に、カントの批判哲学をその構成要素たる諸能力へと還元し、一個の置換体系として描き出す試みは、カント哲学の教科書を書くために行われたのではないと、つまり、三批判の体系を手短に説明する要約として行われたのではないと述べた。確かにそれは教科書としても役立ちうる。しかし、ドゥルーズはここで、彼の哲学的プロジェクトの根幹に関わる課題に手をつけている。それはカント哲学の積極的な乗り越えである。そのために、ドゥルーズは、批判哲学の体系そのものの基礎を問うた。批判哲学を、諸能力という項からなる置換体系に還元するという一種の形式化作業を行い、それによって、システムの基礎、すなわち、システム自身では基礎付けられない点を明らかにした。

(因みに、本書の書かれ方についていえば、引用の多さにも注目せねばならない。ドゥルーズの著作は哲学書であるにもかかわらず、どれも異様に引用が少ない。これは「自由間接話法的ビジョン」とも呼ばれる彼の独自のスタイルであり、まさに彼が哲学者に取り憑き、乗っ取っている印象を読者に強く与えるものであるが、本書はそのような印象をまったく与えない。どちらかといえば、ドゥルーズは「敵」を前にして緊張している。)

b. カントのどこを乗り越えねばならなかったのか?

では、具体的には、カントが敷いたフォーマットとは何であり、その中の何が乗り越えられねばならなかったのか。

カントが敷いたフォーマットとは、ドゥルーズにおいては、超越論的なものとして理解されている。本書は「超越論的」を定義して次のように述べていた。「超越論的とは、経験が必然的にわれわれのア・プリオリな表象に従う際の原理を指す」（本書、三四頁）。しかし、後に書かれる、ドゥルーズの主著の一つ『意味の論理学』では、それはより広く、経験的領野そのものを基礎づける原理を指す語として用いられるようになる。

では、このフォーマットの中の何が乗り越えられねばならなかったのか。それは、極、簡単に言えば、カントおよびその継承者の一部の中にある「…を想定する」「…を想定せねばならない」という考え方である。あらかじめそのアイディアを述べておけば、ドゥルーズは、本書においてと同様、想定ではなくて発生を目指す。想定されているものがいかに発生するのかを理論化しようとするのである。

ドゥルーズの叙述に即して見てみよう。『差異と反復』および『意味の論理学』におけるカント批判哲学に対する批判は、本書よりも一歩進んでいる。だが、論点はより単純になっている。取り上げられるのは、自由な諸能力の一致の基礎を更に下で支えている超越論的統覚である。統覚とは、「私は考える」という形式で現れる自己同一性のことであり、いわば、カントによって再解釈された、デカルトの言うコギトである。あらゆる経験的意識の根底にはこの根源的な統覚が見いだされるとカントは言う。つまり、経験が可能であるならば、統覚を想定しなければならない。『差異と反復』は、諸能力の一致の根拠としての統覚について次のように述べていた。「デカルト同様カントにおいても、〈私は思考する〉における《自我》の同一性こそが、すべての能力の一致を根拠づけ、《同じ》ものとして想定されたひとつの対象の形式に関するすべての能力の調和を根拠づけている」(*Différence et répétition*, PUF, 1968, p. 174〔邦訳、『差異と反復』、河出文庫、上巻、二〇〇七年、三五七頁。但し、以下、引用はすべて、筆者による試訳である〕)。ではこれの何が問題なのか。「明らかにカントは、そのようにして、超越論的と呼ばれる諸構造を、心理学的な意識の経験的諸行為を引き写すことによって描いている」(*Ibid.*, p. 176–177〔二一二頁。傍点引用者〕)。超越論的領野は経験的領野を基礎づけるものである。だが、カントは、その理論化にあたって、それを、経験的領野を——ちょうどカーボン紙で複写するように——「引き写すことによって描いている〔décalquer〕」。だから、経験論的領野とは別物であるはずの超越論的領野に、われわれが経験的に知っている「自我」が見いだされ、それが超越論的統覚として想定されてしまう。

『意味の論理学』でも、カントが超越論的領野に「統覚の総合的統一性としての〈我〉」という形態を与えたことが批判され(*Logique du sens*, Ed. Minuit, 1968, p. 128〔邦訳、『意味の論理学』、河出文庫、上巻、一九一〜一九二頁〕)、それを批判的に受け継いだフッサールがそこに「ライプニッツ流の個体化の中心と個体的システムの中心、モナドと観点、〈自我〉」を登録したことも批判され（但し、ライプニッツを援用したことは評価され）（*Ibid.*, p. 121〔上巻、一八一頁〕）、更には、以上を批判的に受け継いだサルトルがそこに「意識」を持ち込んだことも批判され（但し、大きな一歩であったとは評価され）る（*Ibid.*, p. 120. p. 120, note 5. p. 124. p. 128〔上巻、一八〇頁、一八二頁註五。一八六～一八七。一九一頁〕）。フッサールもサルトルも、カントと同じ思考方法の中におり、「超越論的統覚」をいろいろ取り替えてみただけだということになるのだろう。彼らはいまだ経験的なもののイメージの中で思考している。だから、個体〔individu〕と人称〔personne〕──『意味の論理学』ではこれら二つが強調されている──を前提してしまう。だが、「基礎付けるものが基礎付けられるものに似ているなどということはありえない」（*Ibid.*, p. 120.〔上巻、一八〇頁〕）。

超越論的領野について思考するためには、経験的領野のすべてを捨て去らねばならない。そうしなければ、経験的領野を引き写して超越論的領野を見ることになってしまい、経験的領野においてわれわれが知るものを超越論的領野の中に想定することになってしまう。ドゥルーズによれば、そこで想定されているもののそのものが発生する様を理論化しなければならないのである。

c. 新しい超越論哲学の企て（1）──ライプニッツと「特異性‐出来事」

この企ては、『意味の論理学』においては、個体以前、人称以前にある「特異性 singularité〕を見いだすやり方で進められる。ドゥルーズの出す答えは驚くべきものである。前個体的、非人称的な特異性を、「出来事 événement」として考えようと言うのである（「諸々の特異性こそ、真の超越論的な出来事である」。*Logique du sens*, p. 125〔上巻、一八七頁〕）。しかし、ドゥルーズがこのように述べる際にいかなる哲学に依拠しているのかを考えれば、この答えはすこしもおかしくはない。ドゥルーズが出来事を超越論的に理論化する際に援用したのはライプニッツである。ここでは詳述できないが、議論の骨子だけ紹介しておく（筆者は別の箇所でこれを詳しく論じたことがある。國分功一郎、「特異性、出来事、共可能性――ライプニッツとドゥルーズ」（一）、（二）、『情況』、第三期四二号、四三号、二〇〇四年七月号、八・九月合併号）。

ライプニッツは可能世界という考え方を呈示した。たとえばこの現実の世界では、シーザーがルビコン河を渡った。しかし、もしかしたらシーザーはルビコン河を渡らなかったかもしれない。これを、可能世界においてはシーザーはルビコン河を渡らなかったと言い換えるのが可能世界論である。さて、ルビコン河を渡ったシーザーと、ルビコン河を渡らなかったシーザーは、両立不可能な二つの個体である。するとここで次のように考えることができる。ルビコン河を渡るという出来事が、われわれの知る現実のシーザーという個体を発生させた。すなわち、出来事は、個体に先行し、個体を発生させる要素である、と。

ライプニッツは、個体にはあらゆる述語〔prédicat〕が含まれていると述べ、それはたとえば、現実のシーザーという個体に「ルビコン河を渡る」という述語が含まれていることを意味するのだが、『形而上学叙説』には「述語すなわち出来事〔prédicat ou événement〕」という表現が見いだされる。ライプニッツ哲学の根幹部に出来事という問題があったことが実際にも確認されるのである（なお、「述語すなわち出来事」についての詳しい説明は、ドゥルーズのライプニッツ論、『襞』の中に見いだされる。*Le pli: Leibniz et le baroque*, Ed. Minuit, 1988, chap.4〔『襞——ライプニッツとバロック』、河出書房新社、一九九八年、第四章〕）。

出来事は「系列《セリー》〔série〕」を成す。ルビコン河を渡らなかった可能的シーザーは、現実の世界を成している諸セリーとは両立しない（そこで、セリーが「分岐〔diverger〕」している）。逆に言えば、世界は両立可能な——ライプニッツ独自の用語でいえば「共可能的〔compossible〕」な——諸セリーの束として捉えられることになる（共可能的な諸セリーが「収束〔converger〕」したのが世界である）。ライプニッツは可能世界論によって非常にラディカルな世界観を打ち立てた。ドゥルーズはその創造性を高く評価する。

しかし——と、ドゥルーズは言う——ライプニッツはそれらをすべて、いまここにある単一の現実世界を肯定するためにしか用いなかった。ライプニッツは自らの理論装置を既成事実に奉仕させることとしか考えていない。それらはすべて神による最善の選択と予定調和を正当化するためのものでしかなかった。ドゥルーズはライプニッツの哲学的創造性を最大限に評価しながらも、この点を厳しく糾弾する（「このことが説明しているのは、ライプニッツが、特異点と作用の理論においてはこれほど先に進んでいたにもかかわらず、前‐個体的なものを構成済みの個体の付近でしか、良識によって既に形成されたる地帯の中でしか構想することができなかったということである（新しい概念の創造という任務を哲学に与えながらも、「既成の諸感情」を転倒しない限りで、という条件をそこに付け加えるライプニッツの恥ずべき宣言文を参照されたい）」。*Logique du sens*, p. 141［上巻、二〇九～二一〇頁］）。

なぜライプニッツはそのような羽目に陥ったか。それは（彼の護教論的心性の問題を脇におけば）、彼が現実性と可能性という軸でしか考えられなかったからである。ドゥルーズはそこで、この出来事の理論を超越論的領野の理論に外挿する。超越論的領野における〈特異性‐出来事〉〔singularité-événement〕のセリーについて考えるのである。そこからの展開については説明は割愛したい。とにかく、カント後に位置するドゥルーズは、ライプニッツを援用しながら、超越論的領野における特異性‐出来事による個体の発生を論じることができる。ライプニッツの出来事についての理論は、既成事実に奉仕するための理論ではなくなり、新しい超越論哲学を構想するための理論装置になる。

d．新しい超越論哲学の企て（2）――ベルクソンと「潜在性」

〈出来事‐特異性〉のセリーによって超越論的領野を定義するという理論は、しかし、後に影を潜めることになる。この理論自体は大胆ではあるけれども、伝統的な哲学史の文脈に入り込みすぎていたのかもしれない。それに取って代わるのは、「ドゥルーズ哲学」の代名詞となった「潜在性〔virtualité〕」の議論である。これは、『意味の論理学』より前に、『差異と反復』によって用意されていた。潜在性の議論はその後、ドゥルーズにおいて大きな位置を占めるようになり、最晩年に書かれた六頁ほどの短いテキスト、「現動的なものと潜在的なもの」（一九九五年〔未邦訳〕）まで続けられた（«L'actuel et le virtuel», *Dialogues*, Flammarion, coll. «Champs», 1996. 同書は一九七七年に出た『対話』〔邦訳、『ドゥルーズの思想』、田村毅訳、大修館書店、一九八〇年〕の文庫版であり、文庫化にあたってこの短いテキストが巻末に収録された）。

このテキストでは、「潜在的なものの現動化〔＝現実化〕は特異性であり、対し、現動的なもの〔＝現実的なもの〕それ自体は、既に構成された個体である」と述べられており〔Ibid. p. 181〕、『意味の論理学』で述べられていたような、前個体的な〈出来事－特異性〉の理論が、潜在性の理論に吸収合併されたことがよく分かる。実際、このテキストでもライプニッツへの言及がある。

「現動的なものと潜在的なもの」ではもちろんのこと、『差異と反復』でも、潜在性の理論を打ち立てるにあたっての最大の参照先は、ベルクソンである。実際、「潜在的 virtuel」という語は、ベルクソンから借りたものだ。

先に、ライプニッツは現実性と可能性という軸でしか考えていなかったと述べた。これは言い換えれば、単一の現実とその過去という対でしか考えていないことを意味する。可能世界とはこの現実の世界から遡って得られるものである（シーザーがルビコン河を渡ったから、渡っていない可能世界について考えることができる）。可能世界は常に過去である。ドゥルーズは、いわば、ライプニッツが過去に見いだしていたものを、現在の中に見いだそうとする。そこで現れたのが潜在性の理論である（*Différence et répétition*, p. 135〔二七九頁〕）。それは具体的には、現実を、ベルクソンの言う持続として見ること、「凝固した現在」つまり単一の静的実在としてではなく、同じくベルクソンの言う「潜在的多様態」として見ることを意味する。

多少長くなるが確認しておこう。ドゥルーズはベルクソンの言う持続の概念を、差異の新しい概念として考えていた。一般に、差異は二つの事物の間に見いだされるものと思われている。難しい言い方をすれば、あらかじめ自己同一的なものがあって、その間に差異が見いだされると、つまり、差異は常に自己同一性に先立たれており、二次的でしかないと考えられている。だが、何かと何かとの差異ではない、純粋な差異なるものを考えられないか。これが『差異と反復』の基本的テーマの一つであった。「差異の概念には、二つの事物の間の差異ではないような差異が含まれている〔…〕。〔…〕いかなる条件のもとで、差異の純粋な概念を構成したらよいだろうか？」（『差異と反復』の裏表紙に印刷された、ドゥルーズ本人の手によるものと思われる同書の短い紹介文〔未邦訳〕。ここでベルクソンの持続の概念が登場する。

ベルクソンは『創造的進化』の冒頭で次のように述べていた。我々の存在は常に一つの状態から他の状態へと移っている。暑がったり寒がったり、浮き浮きしたり沈んだり、私というのは絶えず変化している。しかし「これではまだ言いたりていない。変化はひとが始めに信じえたよりもさらに根深い」。どういうことか。私は、自分は変わる、と言う。その時、私は、その「変わる」を、一つの状態と別の状態との間に置き、そして、それらの状態を、ひとつひとつがまとまりをなしているものと考えている。だが、「わずかでも注意をはらうなら、情感にせよ表象にせよ意欲にせよ、一瞬ごとに変様せぬものはないことがはっきりしよう」。つまり、ひとは休みなく変わっており、状態そのものがもともと変化なのだ。我々はなだらかな斜面しかないところに、階段が見えているかのように思いこんでいる。少々ややこしく言い換えれば、「ある状態から他の状態へ移ることと同じ状態をつづけることとの間に本質的な差異はないということである。「同じまま」の状態が案外に変化するものだとすれば、逆に、一状態から他の状態への移行は同じ状態の延びたものに思いのほか似ている」。この連続態が持続（durée）である〔持続の概念についてのここでの説明は不十分であることを免れないので、『創造的進化』とあわせ、『意識に直接与えられているものについての試論』〔邦訳、ちくま学芸文庫〕を参照されたい〕。

ドゥルーズはこの持続の概念を、差異という観点から考察する。『差異と反復』の他、かなり早い時期、一九五六年に書かれた「ベルクソンにおける差異の概念」も参考にしながら見ていこう（«La conception de la différence chez Bergson», *L'île déserte et autres textes*, op. cit.［邦訳、「ベルクソンにおける差異の概念」、『無人島 1953-1968』、前掲］）。

ドゥルーズの『差異と反復』での問題提起と、ベルクソンが諸状態の間の差異について述べていることを比べてみるとどうなるか。差異とは二つの事物（状態）の間の差異でしかなかっただろうか。違う。持続として見られるべき我々の存在とか時間とか運動を考えてみれば、そこにはどの瞬間にも前の状態と異なり、そして、異なり続ける連続態が見いだされる。そこには異なり続けることだけがある。ドゥルーズは次のように述べている。「実際、持続とは何なのか。それについて、ベルクソンが語ることのすべては、次の点に帰する。持続とは、自己に対して差異化していくものである［*ce qui diffère avec soi*］」。傍点部を「自己と異なるものである」と翻訳するのでは、何かと異なっているという状態を指すように理解できてしまう。そうではなくて、異なり続けるという運動、あるいは、「差異化する」、「差異を作る」、「異なる」などと訳せるであろう動詞 différer が重要なのだ。「要するに、持続とは差異化するものであり、差異化するものは、もはや他のものに対して差異化するのではない、自己に対して差異化する」。持続の観念を通じて世界を見た時に見えてくる差異とは、他のものとの差異ではない、自己との差異、差異化そのものである差異に他ならない。これが二つの事物の間の差異ではないような差異である。

では、そのようなものとして現実をみるとはどういうことか。おそらくここで、ドゥルーズが用いた四区分、実在的 réel／可能的 possible と、現実的＝現動的 actuel／潜在的 virtuel を並べて参照する必要があるだろう。〈実在的なもの〉とは、持続としての運動であったはずの現実を、運動から切断して、凝固することによって得られるものである。したがってそれは常に過去として見いだされる。そして、その過去から遡行する形で、「これも可能だった」「あれも可能だった」というかたちで、〈可能的なもの〉が更に見いだされる。

だが、生きたままの現実は、持続としての運動なのであって、差異化そのものである差異がひしめく場である（潜在的多様態）。それは運動から切断されれば性質を変えてしまう。だから、その生きたままの姿を理論化しなければならない。ドゥルーズは、その生きたままの姿を、〈潜在的なもの〉として捉えた。いわゆる現実とは、その〈現動化〉〔actualisation〕である。重要なのは、ベルクソンにおける差異の概念においても différence という名詞より différer という動詞が重要であったように、潜在性の理論においても s'actualiser という動詞（あるいは、l'actuel よりも actualisation）が重要だということである。

先に引用した「現動的なものと潜在的なもの」の一節は、「潜在的なものの現動化」こそが特異性であり、「現動的なもの」――おそらく、「既に現動化した〔actualisé〕もの」

しと言い換えてよいだろう——は、既に構成された個体であると述べていた。現動化は、したがって、持続という連続態を切断し、分割するものとして捉えられている。ドゥルーズは、この切断・分割が行われる場を、「内在平面〔plan d'immanence〕」と呼ぶことになる。「潜在的なものは、諸々の特異性から独立ではありえない。特異性は、内在平面の上で、潜在的なものを切断し、分割する」（*Ibid.*, p. 180）。

ある意味で、この内在平面の理論によってドゥルーズ哲学は完結したということが出来る。カント的な超越論／経験的という区別に先立つものとして潜在的なものが置かれ、その潜在的なものの現動化の場が内在平面と言われる。これがおそらく、ドゥルーズの構想した新しい超越論哲学の概要である。

e．分かり易いドゥルーズ哲学

まず、一方で、この構想が何か理論的な暴走であるかのような印象を与えずにはおかないことを確認しておく。カントの立場に立てば、内在平面上での潜在性とその現動化という理論を打ち立てるというのは、理性の越権行為とでも呼びたくなる類のものである。ドゥルーズは、カントが理論化した超越論的なものに先立つものを思考しようとしているわけだが、しかし、そのようなものを思考するという所作そのものが、カント哲学の枠内で論じられうるという反論は常に可能だ。カントは常に限界について思考し、理性の限界を理論化するために三批判という理論装置を作り出した。ドゥルーズはその理論装置を支えているものを思考しようとしている。しかし、そのような思考そのものが、カント的な理論装置に囲まれているかもしれない。この問いに答えるためには、カントとドゥルーズという巨大な問題についての詳細な検討が必要である。見取り図の提出を目指す本稿ではその課題は断念せざるを得ない。

他方、この構想は、或る意味で非常に分かり易いものである。あらゆるものに先立つ内在平面が最初に設定される。それを超えるものはない。その上で全てが起こる。潜在的なものの現動化が起こる…。しかし、これは、分かり易いが故に、強い批判を招くものでもあるだろう。そうした批判の中には、感情的な反発に始まって様々なものがあるが、注目すべきは、アラン・バディウの批判である。

バディウは、潜在的なものとは、ドゥルーズの仕事における「存在」の主要な名であるとし、潜在性の理論を新しい存在論として捉えた上で、ドゥルーズ哲学の中に「〈一者〉の優位」を見る（Alain Badiou, *Deleuze: la clameur de l'être*, Hachette, 1997［邦訳、『ドゥルーズ――存在の喧騒』、河出書房新社、一九九八年］）。ドゥルーズは多様態を思考する。しかし、その多様態は〈一者〉という原理の中に包摂されているというわけである。バディウは内在平面については語っていないが、むしろバディウの批判を受け、それを先に進める形で、内在平面の問題としてこれを考えてみることができるだろう。

先にわれわれは、ドゥルーズがベルクソンの持続の概念の中に、自己同一的なものに先立たれない、つまり、何かと何かの差異でないような、純粋な差異、差異化そのものとしての差異を見いだしたことを確認した。ドゥルーズは、アイデンティーのようなものには見向きもしない。それを容易に斥ける。かくしてドゥルーズは差異のみからなる多様態、潜在性を発見する。しかし、そうして見いだされた差異は、内在平面という一つの場に登録されてしまう。

われわれは、ドゥルーズがカントに向けた批判をドゥルーズに向けることができるだろう。内在平面は想定されているのではないか？　その発生を問わねばならないのではないか？　この問いが答えられない限り、ドゥルーズに「〈一者〉の優位」を見るバディウの指摘は正しいと言わねばならない。

だが、内在平面が想定されているのかどうかは、微妙な問題である。多少ドゥルーズに好意的にその著書を読んでいくと、この哲学者の揺れのようなものが感じられるからである。

たとえば、「現動的なものと潜在的なもの」の中には次のような一節がある。「潜在的なものは、諸々の特異性から独立ではありえない。特異性は、内在平面の上で、潜在的なものを切断し、分割する。ライプニッツが示した通り、力とは現動化の過程にある潜在的なものであり、また、力がその中で移動する空間でもある。平面は、したがって、多数の平面〔une multiplicité de plans〕に分割される。この分割は、連続態の切断と、潜在的なものの現動化を印づける衝動の分割に沿って起こる。しかし、あらゆる平面は、潜在的なものへと向かう道に沿って、ただ一つの平面のみを成す」（«L'actuel et le virtuel», *Op.cit.*, p. 180）。ここには「多数の平面」が登場し、それが、空間であり且つ潜在的なものの現動化である――と、ドゥルーズの言う――ライプニッツ的な力の概念とのアナロジーにおいて捉えられている。ここから、一つの平面の想定ではなく、複数の平面の発生を問うことはできないだろうか。一つの平面があって、それが分割されていくのではなく、むしろ複数の平面の発生が先にあって、それが一つの平面としても捉えられると考えることはできないだろうか。

そのような問いかけは不可能ではないと思われるのだが、しかし、引用部末尾に明らかなように、多数の平面は「ただ一つの平面のみを成す」という形で、〈一者〉へと回収されている。ここでは、この問題を開いたままにしておかねばならない。

もう一つだけヒントを記しておきたい。バディウが言うように潜在的なものが存在の別名であるなら、内在平面を、再定義された超越論的領野と考えることもできるだろう。『意味の論理学』は超越論的領野〔champ〕と言い、内在平面〔plan〕に非常に近い用語法で、それを設定していた。だが、『差異と反復』には、それとは何か異質な発想に基づいて、超越論的なものそのものの発生を考えている節がある。それはドゥルーズが精神分析について語る場面でのことである。

ドゥルーズは、一般にエロスと対を成すものとして想定されるタナトスについて、それが、快原理によって支配されている経験領域を基礎づける超越論的原理であると指摘した上で、タナトスの発生を理論化している。つまり、ドゥルーズは、超越論的なものの発生という、カントのこの語の使用法からすればほとんど語義矛盾に陥っていると言わざるをえないようなものを考えようとしている(筆者はこの点について詳しく論じたことがある。國分功一郎、「抽象性と超越論性——ドゥルーズ哲学の中のブランショ」、『思想』、九九九号、二〇〇七年七月号)。このアイディアも後に影を潜めていく。そもそも、ドゥルーズが「超越論的」という語から離れていくので、これは当然のことである。だが、ここに、一つの内在平面の想定へと至らぬ何かを読みとることはできないだろうか。これも問題を開いたままにせねばならない。

いずれにせよ、微妙な揺れは見られるものの、最終的に前景化されたのは、一つの内在平面を想定する分かり易いドゥルーズ哲学である。現在のドゥルーズ読解も概ねそれに沿って行われている。だが、平面そのものの発生をドゥルーズが考えていたのだとしたら、この分かり易いドゥルーズ哲学は根本的な変更を迫られるだろう。カント哲学が現在の哲学のフォーマットを敷いたことを認めた上で、『カントの批判哲学』という著作を、その乗り越えのための、すなわち、新しい超越論哲学のための一種の脱構築として読むわれわれの読解が、結論として提起したいのが、この問題である。内在平面はそこに〈一者〉としてあるのか。それとも、あちこちでその発生が起こっているのか。

（これはまったく証明無しで述べる印象論であるが、分かり易いドゥルーズ哲学が最も分かり易く示されたのは一九九一年の『哲学とは何か？』であると思われる（Gilles Deleuze & Félix Guattari, *Qu'est-ce que la philosophie?*, Ed. Minuit, 1991［邦訳、河出書房新社、一九九七年］)。同書に興味深い指摘が溢れていることは言うまでもない。しかし、たとえば、内在平面を巡る次のような一文を読むと、分かり易いドゥルーズ哲学がそこで完成しており、何か自閉しているような印象は拭い去りがたいのである。「内在平面は思考された概念ではないし、思考されうる概念でもない。それは思考のイメージである。思考すること、思考を活用すること、思考の中で方向付けをすること…そうしたことが意味するところについて、思考が自らに与えるイメージである」(*Ibid.*, p. 39-40)。ここでは「思考のイメージ」という『差異と反復』以来のキータームが現れている。『差異と反復』ではこのタームは、様々な思想家の思想の根本にまで遡るための、いわば批判的道具として現れていた。それがここでは、ドゥルーズの新しい超越論哲学を基礎付けるための体系的道具になっている。なお、同書は、ガタリとの共著ということになっているが、先に挙げたドッスの評伝によると、実際にはドゥルーズが一人で書いたものであり、出版前、ガタリから共著ということにして欲しいという依頼を受けて、二人の協同署名になったという（François Dosse, *Gilles Deleuze et Félix Guattari, Biographie croisée*, *Op.cit.*, p. 27)。もちろん、ドッスがインタビューしたロベール・マジオリも強調しているように、その中にはガタリ的な要素はある。しかし、それは「アスピリンのように中に溶けきっている」(*ibid.*)。いずれにせよ、この本はドゥルーズが一人で書いた。それは筆者が先に述べた完成と自閉という印象を裏付けているように思われる。『哲学とは何か?』については、その分かり易さに身を委ねるのではなく、ドゥルーズの書誌全体の中での位置づけを念頭に置きながら今後の読解を進める必要があるだろう。)

3. カントとドゥルーズの自然史

カントをドゥルーズの「敵」だとするなら、ドゥルーズ哲学を新しい超越論哲学と捉え、『カントの批判哲学』以降のそのカント評価を上のように整理することが可能であると思われる。もちろん、この整理は一例に過ぎない。

だが、われわれは先に、ドゥルーズによる自由な諸能力の一致についての説明が終わったところで、一本の線を引いていた。それは、その後のドゥルーズのカント評価から見ると、既にそこで論点は出揃っていると思われたからである。しかし、それはつまり、その後に続く議論が、後のドゥルーズによって取り上げられることのなかった論点を含んでいるということでもある。『カントの批判哲学』の第三章末尾および結論でドゥルーズは、後に取り上げることも、批判することもなかったテーマを扱っている。そこに目を向けることは、本書の三つ目の読み方となるかもしれない。そして、この三つ目の読み方は、もしかしたら、『カントの批判哲学』を通じて、しかし、もはやドゥルーズとは無関係にカントを読むためのきっかけとなるものかもしれない。「諸能力の理説」として読まれている本書の中で、このテーマはほとんど人目を引いていない。カント哲学から見れば、このテーマを論じることは必然なのかもしれないが、ならばなおさらのこと、ドゥルーズがその後、カントに対する批判的評価の中でこのテーマを取り上げなかったことは不思議なのである。そのテーマとはカントにおける歴史の問題である。

第三章で、諸能力の自由な内的一致、および、自然と諸能力との偶然の外的一致を定式化した後、ドゥルーズは「美学から目的論へ」と題し、目的論との関係において両一致を再定式化する。諸能力の自由な一致は、真なる合目的性を、ただし、あらゆる目的を排除した合目的性を表現する（目的なき合目的性）。そして、自然と諸能力との偶然の一致は、そのような合目的性を捉えるための外的な機会を与える。

結論部ではこれら二つの一致、すなわち、「諸能力の合目的的と呼ばれる一致」（内的一致）と「自然と諸能力それ自体との偶然と呼ばれる一致」（外的一致）について、まず、疑問が呈される。カントは、結局、「調和と合目的性という考えを単に再導入しただけではないだろうか」（本書、一四〇頁）。注意すべきはここである。ドゥルーズはすぐさま、「しかしながら、本質的なのはここではない」と付け加えて疑問を取り消すからである。そして、外的一致に見いだされる「偶然」を巡って、カントの歴史理論を解説し始めるのである。内的一致は外的一致によって支えられているのだから、三批判の体系は見事、この歴史理論によって締めくくられることになる。

しかし、上に見たとおり、本書以降のドゥルーズは、内的一致についての、ここで取り消された疑問を維持する仕方で、カントについて論じていくことになるのだった（それは、超越論的統覚の問題を通じて行われた）。だが、カントの歴史理論が、諸能力間の内的一致の問題と切り離せないのは、他ならぬ『カントの批判哲学』が結論で述べていることである。なぜドゥルーズは、カントの歴史理論に対しても再び疑問を呈さなかったのだろうか。歴史が、ドゥルーズによってほとんど論じられることのないテーマであるがゆえに、ここには、簡単に片づけられない問題があるように思われるのである。本稿ではそれに対する明確な答えを出すことはできない。だが、問題の所在だけははっきりさせておきたい。

三批判の形式化によって得られたのは、自然と人間の諸能力との偶然の一致であった。偶然であるのなら、それは想定されているに過ぎない。だが、カントはそれを想定していたのではない。この偶然の一致は、人間によって確立され、創始されねばならないと考えていた。その時に確立されるのが、完全な市民体制の確立であり、この体制こそ、文化の最高の対象である。歴史とは、それが現実化されていく過程に他ならない（本書、一四九〜一五〇頁）。

このように述べると、歴史を理性の展開として捉えたヘーゲルの言う「理性の狡知」が思い出される。しかし、カントが考えていたのは、それとは異なる「自然の狡知」である（本書、一五〇〜一五二頁）。しかもドゥルーズによれば、それは相異なる二つの狡知から成っている。

歴史の目的は感性的自然において実現されねばならない。感性的自然は最終目的をもつ。しかし、感性的自然はそれを実現するに十分ではない。この目的は、超感性的自然においてこそ見いだされるから。このギャップによって、自然は、人間に、動物的体制以上のものはすべて自らの手で作り出すことを求めている。つまり、放っておいても歴史の目的が達成できるわけではない。自然そのものが、人間に、その達成へと向かうように仕向ける。これが第一の自然の狡知である。

歴史の目的の達成といっても、それは個人的な理性からではなく、種の観点から判断されねばならない。カントは、人間に与えられている自然的素質を発展させるために自然が用いる手段とは敵対関係であると言う（『世界公民的見地における一般史の構想』第四命題）。人間という種の枠内での理性の発展を保証するものは、個人においては無意味に思われることかもしれない。これが、第二の自然の狡知である。

ドゥルーズは両者を混同してはならず、二つが合わさって歴史が構成されているのだと述べている（本書、一五二頁）。この一言を見逃してはならないだろう。「自然の狡知」は

「理性の狡知」に非常に近いようにも思われる。だが、前者は、二つの狡知の分裂を孕んでいるが故に、後者からは区別される。俗っぽい言い方をすれば、「理性の狡知」は後ろ向きだが、「自然の狡知」は前向きである。「自然の狡知」は決して、過ぎ去った歴史の解釈の技法にはならない。

だが、そこにあるのは残酷な認識である。人類は進歩せざるをえないが、しかし、その進歩は個人の意図とは無関係に進むと言うのだから。

このカントの歴史観はその「諸能力の理説」と直結している。では、ドゥルーズはなぜそれを本書において解説しておきながら、後に問い直さなかったのだろうか。諸能力の一致については、その後、鋭く問い直したにもかかわらず、なぜ、カントの体系においてその一致を支えている歴史観を問い直さなかったのだろうか。ドゥルーズは、晩年、ガタリとの協同作業を再開し、一緒に「一種の自然の哲学」をやってみたいと述べている（*Pourparlers*, Op.cit., 212〔二五九頁〕）。もしかしたら、そこでは、自然哲学と同時に、自然史の哲学も取り上げられたかもしれない。カントの考えた「自然の狡知」が再び取り上げられたかもしれない。カントの残酷な歴史観は、われわれがそう簡単には乗り越えられない課題を突きつけている。ドゥルーズ亡き後で、『カントの批判哲学』を、そしてもちろんカントを読むにあたって、見逃せない問題がここにあるのではないか。

*

最後に翻訳の方針について簡単に説明しておきたい。

カントの著作からの引用は、岩波書店発行の『カント全集』（坂部恵、有福孝岳、牧野英二編、一九九九〜二〇〇六年）を利用させていただいた。但し、仏訳との整合性の問題などから、訳には手を入れさせていただいた場合が多い。また訳語についてもできる限り同全集にあわせるよう努力したが、いくつか、それを断念した場合もある。例えば、能力について supérieure という形容詞が使われる場合、この形容詞は、カント用語の定訳に沿うなら、「上級」と訳すべきかもしれない。だが、ドゥルーズはこの形容詞をほとんどの場合、forme にかぶせて使用しており、それはかなり独特の用語法と思われ、また、定訳はドゥルーズの文章の調子に一致しないと感じられたので、これは「高次」と翻訳してある。また、カントの用いる ästhetisch という語については、「美学的」に始まり、「感性的」「美感的」「審美的」など、様々な訳が試みられているが、訳者にはそれらの抗争に分け入る能力はないので、esthétique という仏語には、最も無難と思われた「美的」という訳語を採用した。もちろん、これも無難ではないのかもしれない。いずれにせよ、翻訳書が文庫として出版されることに鑑み、全体としてなるべく平明な訳語を採用するようにした。そのため専門家の目から見ると不正確と思われる箇所も多々あると思われる。あらかじめご寛恕を乞う次第である。

ドゥルーズによる引用および参照箇所の指定はやや不親切で、章や節のタイトルしか挙げられていない。そのため、岩波版の邦訳全集に即して、引用については該当頁を、参照箇所については関係深いと思われる頁を補足しておいたが、参照箇所に関しては訳者の判断によるものであるから、あくまでも目安程度のものと考えていただきたい。

本書『カントの批判哲学』には、既に中島盛夫氏の優れた翻訳があり、広く読まれている(法政大学出版局、一九八四年)。それに加えて新しい翻訳を世に問うことは訳者としては大変緊張する作業であった。訳者としては最大の努力をしたけれども、この新訳がどれほど前進しているかは分からない。読者の寛恕を乞い、教示を待つ次第である。

末筆ながら、出版社、印刷所の方々、そして、企画をもちかけていただき、最後までバックアップしてくださった筑摩書房編集部の天野裕子氏に心よりお礼申し上げたい。

國分功一郎

本書は、ちくま学芸文庫のために新たに訳出したものである。

ちくま学芸文庫

カントの批判哲学《ひはんてつがく》

二〇〇八年一月十日　第一刷発行
二〇二二年七月五日　第五刷発行

著　者　ジル・ドゥルーズ
訳　者　國分功一郎（こくぶん・こういちろう）
発行者　喜入冬子
発行所　株式会社　筑摩書房
東京都台東区蔵前二―五―三　〒一一一―八七五五
電話番号　〇三―五六八七―二六〇一（代表）
装幀者　安野光雅
印刷所　株式会社精興社
製本所　株式会社積信堂

ISBN978-4-480-09130-7 C0110